普通高等学校"十二五"规划教材

公路工程测量

主　编　杨学锋　索俊锋
副主编　王占武　姚丽丽

国防工业出版社

·北京·

内 容 简 介

本书共分8章,第1章介绍了公路工程测量的任务及公路工程建设的基本程序;第2章介绍了公路工程测量时常用的几种先进测量仪器;第3章讲述了公路工程测量的基本测设工作;第4章至第6章分别讲述了公路工程测量的准备工作、公路路线中线测量及公路工程路基施工测量;第7章和第8章主要讲述了公路工程结构物桥涵和隧道的施工测量。

本书以培养高素质高技能型人才的目标为指导思想,兼顾工程测量、道路与桥梁工程、地下工程与隧道工程等专业的教学大纲,编写时充分考虑了学生接受知识的自然规律,在内容安排上,由浅入深,循序渐进,注重理论与实际相结合,书中配有许多工程案例,便于读者自学和实践。本书可作为工程测量、道路与桥梁工程、地下工程与隧道工程等专业的教材,也可作为相关领域工程技术人员的参考书。

图书在版编目(CIP)数据

公路工程测量/杨学锋,索俊锋主编.—北京:国防工业出版社,2022.1 重印
 普通高等学校"十二五"规划教材
 ISBN 978-7-118-10746-3

Ⅰ.①公... Ⅱ.①杨...②索... Ⅲ.①道路测量-高等学校-教材 Ⅳ.①U412.24

中国版本图书馆 CIP 数据核字(2016)第 028368 号

※

国防工业出版社 出版发行
(北京市海淀区紫竹院南路23号 邮政编码100048)
北京凌奇印刷有限责任公司印刷
新华书店经售

*

开本 787×1092 1/16 印张 9½ 字数 210 千字
2022年1月第1版第2次印刷 印数 3001—3500 册 定价 28.00 元

(本书如有印装错误,我社负责调换)

国防书店:(010)88540777 发行邮购:(010)88540776
发行传真:(010)88540755 发行业务:(010)88540717

前　言

　　随着我国城镇化建设的快速推进，以公路工程建设为代表的市政公路和高速公路建设项目日渐增多。高精度的测量仪器已在工程单位大范围使用，致使很多测量的方法也发生了很大改变。为了适应市场的需求，考虑到公路工程施工实践对测量技术的需求，以及能够使学生对新知识和新仪器的及时掌握，作者结合现场多年的施工经验及教学经验，编写了此书。

　　本书编写时兼顾了工程测量、道路与桥梁工程、地下工程与隧道工程等专业的教学大纲，在对施工企业需求充分调研的基础上，对传统知识进行了更新和拓展。本书图文并茂，理论与案例相结合，语言通俗易懂，详细介绍了公路工程测量使用的先进仪器和新技术、新方法，具有实用性强和可操作性强的特点，既可应用于高等级公路施工测量，又可应用于城市公路的施工测量。同时考虑到学生接受知识的规律特点，按照由浅入深、循序渐进的原则对本书的内容进行了编写。

　　本书由杨学锋和索俊锋担任主编，王占武和姚丽丽担任副主编，参与编写工作的还有徐克红、车丽娜、茹利等老师。第1、4、5、6章由杨学锋编写，第2、3章由索俊锋编写，第8章由王占武、姚丽丽编写，徐克红、车丽娜、茹利三位老师共同编写了第7章。全书由杨学锋统稿。

　　由于作者水平有限，教材中难免存在错误和不足，恳请读者批评指正。

作者

2015年12月

目 录

第1章 概述 ·· 1
1.1 工程测量工作的任务 ·· 1
1.2 公路基本建设程序 ··· 1
1.2.1 基本建设程序的作用和意义 ·· 1
1.2.2 公路基本建设的程序 ·· 2

第2章 常用测量仪器简介 ·· 5
2.1 全站仪 ··· 5
2.2 GPS–RTK ·· 20

第3章 基本测设工作 ·· 38
3.1 概述 ·· 38
3.2 水平角、平距、高程的测设 ·· 38
3.2.1 已知水平角测设 ··· 38
3.2.2 水平距离测设 ·· 40
3.2.3 已知高程的测设 ·· 41
3.3 点的平面位置测设 ·· 44

第4章 公路工程施工前准备工作 ··· 50
4.1 概述 ·· 50
4.2 准备工作 ·· 50
4.3 控制点的复测与加密 ··· 54
4.3.1 交接桩 ·· 55
4.3.2 复测的技术要求 ··· 55
4.3.3 复测外业与内业 ··· 56
4.3.4 复测结束应提交的资料 ·· 56

第5章 公路路线中线测量 ·· 62
5.1 公路线路平面的组成 ··· 62
5.2 圆曲线的测设 ·· 63

  5.2.1 综合曲线的测设 ·· 66
  5.2.2 复曲线和回头曲线的测设 ·· 72

第6章 公路工程路基施工测量 ·· 76

6.1 概述 ·· 76
6.2 路基放样内容 ·· 77
6.3 路基边桩放样 ·· 77
6.4 竖曲线测设 ·· 82
  6.4.1 竖曲线的概念及分类 ·· 82
  6.4.2 竖曲线的计算 ·· 83
  6.4.3 竖曲线的放样步骤 ·· 85
6.5 缓和超高段边桩高程计算 ·· 86
6.6 路基工程完成后的测量工作 ·· 88
  6.6.1 竣工验收项目 ·· 88
  6.6.2 竣工验收中的测量工作 ·· 88

第7章 桥涵工程施工测量 ·· 90

7.1 桥梁施工测量 ·· 90
  7.1.1 桥梁的分类 ·· 90
  7.1.2 桥梁施工测量的目的和内容 ·· 90
  7.1.3 桥梁施工测量的特点 ·· 91
  7.1.4 桥梁施工测量的原则 ·· 91
  7.1.5 桥梁施工控制网的布设与复测 ·· 91
  7.1.6 桥梁施工测量 ·· 93
7.2 涵洞施工测量 ·· 103
  7.2.1 概述 ·· 103
  7.2.2 收集并掌握施工设计图纸 ·· 104
  7.2.3 在涵洞附近增设施工控制点 ·· 104
  7.2.4 涵洞施工放样数据的准备 ·· 104
  7.2.5 涵洞施工测量的实施 ·· 106

第8章 隧道施工测量 ·· 108

8.1 概述 ·· 108
8.2 地面控制测量 ·· 108
8.3 竖井联系测量 ·· 110
8.4 地下控制测量 ·· 112
8.5 隧道施工测量 ·· 113

8.5.1 隧(巷)道中线的测设方法 …………………………………… 113
　　8.5.2 隧(巷)道腰线的测设方法 …………………………………… 119
　　8.5.3 激光导向 …………………………………………………… 122
　　8.5.4 线路纵断面测量 ……………………………………………… 122
　　8.5.5 横断面测量 …………………………………………………… 123
　　8.5.6 贯通和贯通测量 ……………………………………………… 131

参考文献 ……………………………………………………………………… 142

第1章 概 述

工程测量学是测绘学科的一个重要分支,其研究的内容是测绘科学技术在工程建设中具体应用的理论、技术与方法。测量工作贯穿于工程建设的始终,任何工程建设的设计、施工、运营管理都离不开测量工作。人们将在工程建设的勘察设计、施工放样、运营管理的各个阶段所进行的测量工作,统称为工程测量。

1.1 工程测量工作的任务

工程测量在国民经济各个部门的应用十分广泛,而且也十分重要。工程测量按照服务对象可分为工业与民用建筑工程测量,铁路、公路、管线、电力线架设等线路工程测量,水利工程测量,地质勘探工程测量,矿山工程测量,隧道及地下工程测量等。工程测量按照工程建设的顺序和相应作业的性质,可将工程测量的内容分为以下三个阶段:

(1) 勘察设计阶段的测量工作。工程在勘察设计阶段的主要工作是根据工程建设的需要,布设基础测量控制网,测绘不同比例尺地形图、纵横断面图及一定点位的各种样本数据。

(2) 施工放样阶段的测量工作。工程项目在经过立项、审批、招标、开标等程序后,即进入施工阶段。施工阶段的主要工作是建立施工控制网,进行各种建(构)筑物的放样工作,作为实际工作的依据。在施工过程中还需要对工程进行各种监测,确保工程质量。

(3) 工程竣工后运营管理阶段的测量工作。工程竣工后,主要工作是测绘工程竣工图或进行工程最终定位,作为工程验收和移交的依据。对一些大型工程和重要工程,还需要对其安全性及稳定性进行监测,并通过对监测观测资料的整理与分析,预测变形规律,为建(构)筑物的安全使用提供保障,为研究维护方法、采取加固措施、研究设计理论、改进施工设计方法提供有益的资料。

1.2 公路基本建设程序

1.2.1 基本建设程序的作用和意义

基本建设程序是指基本建设项目从投资前期到投资期,从规划立项到竣工验收的整个建设过程中各项工作的先后次序,它由基本建设的客观规律决定。

公路基本建设涉及面广,它受地质、气候、水文等自然条件和资源供应、技术水平等物质技术条件的严格制约,需要内外各个环节的密切配合,并且要求按照符合既定需要和有科学根据的总体设计进行建设。工程的建设程序是多年建设项目管理经验的积累,是客观规律的总结，在基本建设活动时，必须严格按照规定的程序进行，不可人为地忽略其中的某个阶段或改变其顺序，否则，不仅将造成宏观上的浪费，而且会导致盲目发展，甚至贻误地区经济的开发时机。

1.2.2 公路基本建设的程序

公路基本建设的程序是：根据国民经济长远规划及布局所确定的公路网规划，提出项目建议书；通过调查，进行可行性研究，编制可行性研究报告；经批准后进行初步测量及编制初步设计文件；可行性研究报告经批准后，列入国家年度基本建设计划，并进行定线测量编制施工图设计文件；工程项目经立项、审批、招投标等程序后，即组织施工；完工后，进行竣工验收，最后交付使用。

(一) 项目建议书

项目建议书是在经济规划、运输规划和道路规划的基础上产生的技术政策性文件，是按项目或年度列出的待建项目，它既是进行各项前期准备工作的依据，又是可行性研究的基础。项目建议书应对拟建项目的目的、要求、主要技术指标、原材料、投资估算及资金来源等做出文字说明。

(二) 可行性研究

可行性研究是基本建设前期工作的重要组成部分，是建设项目立项、决策的主要依据。在1988年6月交通部颁发的《公路可行性研究报告编制办法》中规定，对大中型工程、高等级公路及重点工程建设项目(含国防、边防)，均应进行可行性研究，小型项目可适当简化。

公路建设项目可行性研究的任务是：在对拟建工程地区社会、经济发展和公路网状况进行充分地调查研究、评价、预测和必要的勘察工作的基础上，对项目建议的必要性、经济合理性、技术可行性、实施可能性，提出综合性研究论证报告。

可行性研究按工作深度，划分为预可行性研究和工程可行性研究两个阶段。预可行性研究应重点阐明建设项目的必要性，通过踏勘和调查研究，提出建设项目的规模、技术标准，进行简要的经济效益分析。工程可行性研究应通过必要的测量、地质勘探(大桥、隧道及不良地质地段等)，在认真调查研究，拥有必要资料的基础上，对不同建设方案在经济上、技术上进行综合论证，提出推荐建设方案，工程可行性研究报告经审批后作为初步设计的依据。工程可行性研究的投资估算与初步设计概算总额之差，应控制在10%以内。

(三) 工程设计

工程设计是对工程对象进行构思，并进行计算、验算，编制设计文件的过程。设计文件是安排建设项目、控制投资、编制招标文件、组织施工和竣工验收的重要依据。设计文件的编制必须坚持精心设计，认真贯彻国家有关方针政策，严格执行基本建设程序的规定。

根据基本建设项目的性质和设计内容不同，工程设计一般可分为"一阶段设计"、"两阶段设计"和"三阶段设计"三种类型。

公路工程基本建设一般采用两阶段设计，即初步设计和施工图设计。对于技术简单、方案明确的小型建设项目，可采用一阶段设计，即一阶段施工图设计；对于技术复杂而又缺乏经验的建设项目或建设中个别路段、特殊大桥、互通式立体交叉、隧道等，必要时采用三阶段设计，即初步设计、技术设计和施工图设计。

1. 初步设计

初步设计应根据批准的可行性研究的要求和初测资料，拟订修建原则，选定设计方案，计算主要工程数量，提出施工方案的意见，编制设计概算，提供文字说明和图表资料。初步设计文件经审查批准后，作为国家控制建设项目投资及编制施工图设计文件或技术设计文件(采用三阶段设计时)的依据，并且作为订购或准备主要材料、机具设备，安排重大科研项目，筹划征用土地及控制项目投资的依据。

2. 技术设计

技术设计应根据已批准的初步设计和补充初测，对重大、复杂的技术问题通过科学试验、专题研究，加深勘探调查及分析比较，解决初步设计中未能解决的问题，进一步落实各项技术方案，计算工程数量，提出修正的施工方案，编制修正设计概算。批准后的技术设计文件将作为施工图设计的依据。技术设计文件的内容与初步设计类似，但此时的技术方案和技术细节都已基本确定。

3. 施工图设计

一阶段施工图设计应根据批准的可行性研究和定测资料，拟定修建原则，确定设计方案和工程数量，提出文字说明和图表资料以及施工组织计划，编制施工图预算，满足审批的要求，适应施工的需要。

两阶段(或三阶段)施工图设计应根据批准的初步设计(或技术设计)和定测(或补充初测)资料，进一步对所审定的修建原则、设计方案、技术决定加以具体和深化，最终确定工程数量，提出文字说明和适应施工需要的图表资料以及施工组织计划，编制施工图预算。

为了便于对设计工作进行管理(核定和审查等)，避免设计文件内容的遗漏，提高工程设计质量，必须对设计文件的编制方法、编制内容、内容顺序以及格式做出严格的要求。初步设计和施工图设计的篇目类似，但二者的设计深度要求不同。

(四) 列入年度基本建设计划

当建设项目的初步设计和概算经上报批准后，才能列入国家基本建设年度计划。建设单位根据国家计委颁发的年度基本建设计划控制数字，按照批准的可行性研究报告和设计文件，编制本单位的年度基本建设计划，报经批准后，再编制物资、劳动、财务计划。这些计划分别经过主管机关审查平衡后，作为国家安排生产、宏观调控物资和财政拨款(或)贷款的依据，并通过招标或其他方式落实施工单位和监理单位。

(五) 施工准备

为了保证施工的顺利进行，在施工准备阶段，建设单位、勘测设计单位、施工单位、监理单位和建设银行均应在自己的职责范围内，针对施工的要求充分做好各项准备工作。

建设主管部门应根据计划要求的建设进度，组建基本建设项目的专门管理机构，办理登记及拆迁，做好施工沿线有关单位和部门的协调工作，抓紧配套工程项目的落实，提供技术资料，落实材料、设备的供应。

勘测设计单位应按照技术资料供应协议，按时提供各种图纸资料，做好施工图纸的会审及移交工作。

施工招投标中中标并已签订工程承包合同的施工单位应组织机具、人员进场，进行施工测量，修筑便道及生产、生活等临时设施，建立实验室，组织材料、物资采购、加工、运输、供应、储备，做好施工图纸的接收工作，熟悉图纸的要求，编制实施性施工组织设计和施工预算，提出开工报告。

监理招投标中中标并已签订监理合同的监理单位应组织监理机构，建立监理组织体系，熟悉施工设计文件和合同文件；组织监理人员和设备进场，建立中心实验室；根据工程监理规划规定的程序和合同条款，对施工单位的各项准备工作进行检查、验收、审批，合格后，签发开工令。

建设银行应会同建设、设计、施工单位做好图纸的会审，严格按计划要求进行财政拨款或贷款，做好建设资金的调拨计划。

(六) 工程施工

在开工报告批准后，施工单位即可正式施工。施工过程中，施工单位应遵照合理的施工程序，按照设计要求、施工规范及进度要求，确保工程质量，安全施工。坚持施工过程组织原则，加强施工管理，大力推广应用新技术、新工艺、新方法、新设备和新材料，努力缩短工期，降低造价，做好施工记录，建立技术档案。

(七) 竣工验收、交付使用

建设项目的竣工验收是基本建设全过程的最后一个程序。竣工验收是一项十分细致和严肃的工作，必须从国家和人民的利益出发，按照国家建委《关于基本建设项目竣工验收暂行规定》和交通部颁发的《公路工程竣工验收办法》的要求，认真负责地对全部基本建设工程进行总验收。竣工验收包括两部分内容，一是工程技术验收，二是工程资金决算，是对工程质量、数量、期限、生产能力、建设规模、使用条件的审查，应对建设单位和施工单位编制的固定资产移交清单、隐蔽工程说明和竣工决算等进行细致检查。

当全部基本建设工程经过验收合格，完全符合设计要求后，应立即移交给生产部门正式使用。在验收时，对遗留问题、存在问题要明确责任，确定处理措施和期限。

养护和大、中修工程，即固定资产的更新与技术改造，原则上也应参照基本建设程序，按交通部有关规定执行。

习 题

1. 工程测量的定义是什么？
2. 工程测量工作的任务是什么？
3. 公路基本建设的程序是什么？

第 2 章　常用测量仪器简介

为了满足工程施工的需要，目前工程上常用的测量仪器主要有光学水准仪、电子水准仪、光学经纬仪、电子经纬仪、测距仪、全站仪、全球定位系统(GPS)、陀螺仪等。下面以全站仪及 GPS 为例，加以阐述。

2.1　全　站　仪

全站仪是全站型电子速测仪的简称，是电子经纬仪、光电测距仪及微处理器相结合的光电仪器。目前世界上全站仪的品牌主要有徕卡、拓普康、尼康、南方、索佳等。

本书以拓普康(TOPCON)GPT-3000N 系列全站仪为例，介绍全站仪的功能、原理和使用方法。

(一) 全站仪的基本结构

全站型电子速测仪简称全站仪，由光电测距仪、电子经纬仪和数据处理系统组合而成。全站仪包含水平角测量系统、竖直角测量系统、水平补偿系统和测距系统四大光电系统。

全站仪全部功能如下：

(1) 测角部分相当于电子经纬仪，可以测定水平角、竖直角和进行角度设置。

(2) 测距部分相当于光电测距仪，测定测站点与目标点的斜距，并通过数据处理解算平距和高差。

(3) 数据处理系统可以接收指令，分配各种观测作业，进行数据运算，并提供数据存储功能。

(4) 输入、输出设备包括键盘、显示屏和数据线接口，使全站仪和微机等设备交互通信数据，形成内外一体的测绘系统。

(二) 全站仪的主要测量功能

全站仪作为光电技术的最新产物，可以完成角度测量、距离测量、坐标测量、放样测量、对边测量、交会测量、面积测量、悬高测量等十多项测量工作，这里仅介绍与工程建筑有关的主要功能。

1. 水平角测量

全站仪测角系统是利用光电扫描度盘，自动显示读数，使观测时操作简单，避免产生人为读数误差。水平角观测基本操作过程如下：

1) 选择水平角显示方式

按角度测量键使全站仪处于角度测量模式。一般全站仪具有左角(逆时针角)和右角(顺时针角)两种模式可以选择，按照我们的与经纬仪保持一致的习惯，通常选择右角观测模式。

2) 起始方向水平度盘读数设置

测定两条直线间的水平夹角,选择其中一个方向为起始方向。照准起始方向,设置当前的水平度盘读数为 0°00′00″,即水平方向置零。

也可以将起始方向水平度盘读数设置成已知角度,完成水平度盘定向。

3) 竖直角测量

照准起始方向,设置完水平度盘读数后,顺时针转动望远镜,照准前视方向,此时显示的水平度盘读数为两方向之间的水平夹角。例如,观测一个测回的角度值其操作过程与经纬仪测水平角观测相同。

竖直角观测只需照准目标点,屏幕显示第一行"V"即为竖直读盘读数。竖直角观测值显示方式可以在竖直角与天顶距之间切换。

2. 距离测量

全站仪进行距离测量时,考虑大气折光和地球曲率对距离的影响,首先要设置正确的大气改正数,选择棱镜类型后设置棱镜常数,长距离测量时还应进行返回信号检测。距离观测基本操作过程如下:

1) 设置棱镜常数

全站仪在距离测量时发射的光线,在反射棱镜中经折射后沿原入射方向反射回全站仪。光在反射棱镜的玻璃中传播速度比在空气中慢,而其在反射棱镜中传播所用的时间会使所测距离偏大某一数值,这个数值称为棱镜常数。测距前将棱镜常数输入仪器中,仪器会对所测距离进行改正。目前多数全站仪已经在仪器内部修正这一问题,若使用原厂棱镜,棱镜常数一般为零。

2) 设置大气改正值或气温、气压值

测距红外光在大气中的传播速度会随大气折射率的不同而变化,而大气折射率与大气的温度和气压有着密切的关系。温度15℃和大气压强为 760mmHg 是仪器设置的一个标准状态,此时大气改正值为 0。测量过程中,可以输入温度和气压值,全站仪自动计算大气改正值(也可以直接输入大气改正值),并对测距结果进行改正。

3) 测距模式的选择

全站仪测距模式有精测模式、跟踪模式、粗测(速测)模式三种。精测模式是常用的测距模式,测量时间约为 2.5s,最小显示单位为 1mm;跟踪模式用于移动目标或放样时连续测距,最小显示单位一般为 1cm;粗测模式测量时间约为 0.7s,最小显示单位为 1cm 或 1mm。在距离测量或坐标测量时,可以按测距模式键选择不同的测距模式。

4) 距离测量

照准目标棱镜中心,按测距键,距离测量开始,测距完成后显示斜距、平距、高差。输入准确的仪器高和棱镜高,可以得到测站点与待测点之间的高差。有些型号的全站仪在距离测量时不能设置仪器高和棱镜高,显示的高差值是全站仪横轴中心与棱镜中心的高差。

3. 坐标测量

全站仪可以直接测算点的三维坐标。已知 A 点的坐标为 (N_A, E_A, Z_A),O 的坐标为 (N_O, E_O, Z_O),求待测点 1 的坐标 (N_1, E_1, Z_1)。

根据坐标反算其坐标方位角 $\alpha_{OA} = \arctan\dfrac{E_A - E_O}{N_A - N_O}$,由此可得待测点 1 的坐标 $(N_1, E_1,$

Z_1)为：

$$N_1 = N_O + s \cdot \sin z \cdot \cos \alpha$$
$$E_1 = E_O + s \cdot \sin z \cdot \sin \alpha$$
$$Z_1 = Z_O + s \cdot \cos z + i - v$$

式中：N_1, E_1, Z_1 为待测点坐标；N_O, E_O, Z_O 为测站点坐标；s 为测站点至待测点的斜距；z 为天顶距；α 为测站点至待测点方向的坐标方位角；i 为仪器高；v 为棱镜高。

需说明的是，全站仪上常用(N, E, Z)表示点的三维坐标，其中 N 对应 X，E 对应 Y，Z 对应 H。坐标测量基本操作过程如下：

(1) 设置棱镜常数、大气改正或气温、气压值。

(2) 设定测站点数据。测量前需将测站点坐标、仪器高通过键盘进行输入。仪器高是指仪器的横轴中心至测站点的垂直高度，可以用钢卷尺量出。

(3) 设定后视点定向元素。照准后视点，输入后视点的坐标或后视边坐标方位角。当输入后视点的坐标时，全站仪自动计算后视方向坐标方位角，水平度盘读数显示该坐标方位角值。

(4) 输入棱镜高。棱镜高是指棱镜中心至地面点的垂直高度。

(5) 待测点坐标测量。精确照准前视目标棱镜中心，按坐标测量键，全站仪开始测量，屏幕上显示待测点的三维坐标。

4. 全站仪放样

利用全站仪可以进行角度、距离放样，也可以进行坐标放样。在放样过程中，通过对放样点的角度、距离或坐标的测量，仪器将显示预先设计好的放样值与实测值之差，以指导准确放样。

1) 角度和距离放样

角度和距离放样是根据相对于某参考方向转过的角度和放样的距离测设所需点位。其操作步骤为：

(1) 全站仪安置于测站点，精确照准后视点的参考方向。

(2) 选择放样模式为角度和距离放样，依次输入放样距离和放样角度。

(3) 水平角放样。转动全站仪的照准部使 dHA 变为 0°00′00″，固定照准部，此时仪器视线方向即角度放样的方向。

dHA 表示水平角差值：水平角差值=水平角实测值－水平角放样值

(4) 距离放样。沿视线方向安置棱镜，使棱镜的中心正对仪器，选取距离放样测量模式，根据仪器显示的距离差值 dHD，引导棱镜在仪器视线方向前后移动，直到 dHD 显示值为零，此时棱镜所在的位置就是待放样点的点位。

dHD 表示平距差值：平距差值=平距实测值－平距放样值

2) 坐标放样

在已知放样点坐标的情况下可以选择坐标放样。坐标放样之前输入测站点、后视点和放样点的坐标，仪器便会自动计算放样点的角度和距离，利用角度和距离放样功能便可测设放样点的位置。也可以进行坐标放样，移动棱镜使三维坐标显示值为零，此时棱镜处即为放样点位置。其操作步骤为：

步骤(1)~(4)与坐标测量程序的前 4 步操作相同。

(5) 输入放样点坐标。

(6) 参照角度和距离放样的步骤，将放样点的平面位置定出。

(7) 高程放样，将棱镜置于放样点上，在坐标放样模式下测量该点坐标，根据其与已知高程的差值，上下移动棱镜，直至差值显示为零，放样点点位确定。

(三) 全站仪的操作与使用

1. 测量前的准备工作

全站仪的种类很多，不同型号的全站仪其具体操作方法会有较大差异，但在测量之前一般应完成以下的准备工作。

1) 安装电池

在测量前首先检查内部电池充电情况，如果电池电量不足，要及时充电。测量时将电池安装上使用，测量结束后应取下放置。

2) 安置仪器

仪器的安置包括将全站仪连接到三脚架上，对中和整平同一般经纬仪。多数全站仪有双轴补偿功能，所以全站仪整平后，在观测过程中即使气泡稍有偏离，对观测也不会有影响。

3) 开机

按[POWER]或[ON]键，开机后仪器进行自检，自检结束后进入测量状态。有的全站仪自检结束后需要设置水平度盘与竖直度盘指标：设置水平度盘指标的方法是旋转照准部一周，听见鸣响即设置完成；设置竖直度盘指标的方法是纵转望远镜一周，听见鸣响即设置完成。设置完成后显示窗内显示水平度盘与竖直度盘的读数。

4) 设置仪器参数

根据测量的具体要求，测前应通过仪器的键盘操作进行选择和设置参数。主要包括：观测条件参数设置、距离测量模式选择、通信条件参数的设置和计量单位的设置。

2. 拓普康(TOPCON)GPT-3000N 系列全站仪的操作与使用

本节以日本拓普康(TOPCON)GPT-3000N 系列全站仪(图 2-1)为例进行详细介绍。

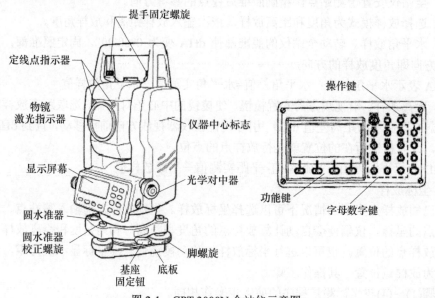

图 2-1　GPT-3000N 全站仪示意图

1) 基本技术参数说明

(1) 技术规格。

① 距离测量模式如表 2-1 所示。

表 2-1 距离测量模式

无棱镜模式			棱镜模式		
目标		天气状况	目标		天气状况
		低强度阳光、没有热闪烁			薄雾、能见度约 20km、中等阳光、稍有闪烁
白色表面		1.5m～250m	1 块棱镜		3000m
测量精度	1.5m～5m	±(10mm)m.s.e	测量精度	±(3mm+2ppm×D)m.s.e	
	25m 到更远	±(5mm)m.s.e		(D:距离)	

注：ppm 表示 ×10⁻⁶

② 电子角度测的精度(标准差)如表 2-2 所示。

表 2-2 电子角度测量的精度(标准差)

GPT-3002N	2″
GPT-3005N	5″
GPT-3007N	7″
测量时间	小于 0.3s
倾斜改正补偿范围	±3′

(2) 各部件名称如图 2-1 所示。

(3) 键盘介绍如表 2-3 所示。

表 2-3 键盘介绍

键	名称	功能
★	星键	星键模式用于如下项目的设置或显示： ①显示屏幕对比度；②十字丝照明；③背景光； ④倾斜改正；⑤定线点指示器；⑥设置音响效果
↗	坐标测量键	坐标测量模式
◢	距离测量键	距离测量模式
ANG	角度测量键	角度测量模式
POWER	电源键	电源开关
MENU	菜单键	在菜单模式和正常测量模式之间切换，在菜单模式下可设置应用测量与照明调节、仪器系统误差纠正
ESC	退出键	①返回测量模式或上一层模式；②从正常测量模式直接进入数据采集模式或放样模式；③也可用作正常测量模式下的记录键；④设置退出键功能需按住［F2］键开机在模式设置中更改
ENT	确认键	在输入值之后按此键
F1～F4	软键(功能键)	对应于显示的软键功能信息

星键模式设置如表 2-4 所示。

表 2-4 星键模式设置

键	显示符号	功能
F1	照明	显示屏背景光开/关
F2	NP/P	无棱镜/棱镜模式切换
F3	激光	激光指示器打开/闪烁/关闭
F4	对中	激光对中器开/关(仅适用于有激光对中器的类型)
再按一次星键		
F1	—	—
F2	倾斜	设置倾斜改正,若设置为开,则显示倾斜改正值
F3	定线	定线点指示器开/关
F4	S／A	显示 EDM 回光信号强度(信号)、大气改正值
上下箭头	黑白	调节显示屏对比度(0~9级)
左右箭头	亮度	调节十字丝照明亮度(1~9级) 十字丝照明开关和显示屏背景光开关是联通的

2) 角度测量

角度测量模式包括水平角(右角)和垂直角测量,具体设置如表 2-5 所示,操作过程如表 2-6 所示。

表 2-5 角度测度模式设置

屏幕显示页数	软键	显示符号	功能
1	F1	置零	水平角置为 0°00′00″
	F2	锁定	水平角读数锁定
	F3	置盘	通过键盘输入数字设置水平角
	F4	P1↓	显示第 2 页软键功能
2	F1	倾斜	设置倾斜改正开或关。选择开,即显示倾斜改正值
	F2	复测	角度重复测量模式
	F3	V%	垂直角百分比坡度(%)显示
	F4	P2↓	显示第 3 页软键功能
3	F1	H-蜂鸣	仪器每转动水平角 90°是否要发出蜂鸣声的设置
	F2	R/L	水平角右/左计数方向的转换
	F3	竖盘	垂直角显示格式(高度角/天顶距)的切换
	F4	P3↓	显示下一页(第 1 页)软键功能

表 2-6　角度测量操作过程

操作过程	操作	显示
①照准第一个目标 A	照准 A	V:　　90°10′20″ HR：122°09′30″ 置零　锁定　置盘 P1↓
②设置目标 A 的水平角为 0°00′00″,按［F1］(置零)键和(是)键	［F1］ ［F3］	水平角置零 >OK? ＿＿　＿＿[是] [否]
		V:　　90°10′20″ HR：0°00′00″ 置零　锁定　置盘 P1
③照准第二个目标 B，显示目标 B 的 V / H	照准目标 B	V:　　98°36′20″ HR：160°40′20″ 置零　锁定　置盘 P1

3) 距离测量

(1) 各个测量按键功能如表 2-7 所示。

表 2-7　距离测量按键功能

屏幕显示页数	软键	显示符号	功　　能
1	F1	测量	启动测量
	F2	模式	设置测距模式精测/粗侧/跟踪
	F3	NP/P	无/有棱镜模式切换
	F4	P1↓	显示第 2 页软键功能
2	F1	偏心	偏心测量模式
	F2	放样	放样测量模式
	F3	S/A	设置音响模式
	F4	P2↓	显示第 3 页软键功能
3	F2	m/f/i	米、英尺或英尺、英寸单位的变换
	F4	P3↓	显示第 1 页软键功能

(2) 大气改正的设置。

本仪器标准状态为：温度 15℃，气压 1013.25hPa，此时大气改正为 0，可以通过直接设置温度和气压值的方法进行设置。

在距离测量模式第 2 页，按[F3](S/A)键，选择(T-P),按[F1](输入)键，输入温度和大气压。

(3) 棱镜常数的设置。

拓普康棱镜常数为 0，棱镜改正数也为 0。无棱镜模式下进行测量，应确认无棱镜常数改正设置为 0。

在距离测量模式第 2 页，按[F3](S/A)键，选择[F1](棱镜)键,按上下键选择有无棱镜常数，按[F1](输入)键,输入棱镜常数。

(4) 距离测量。

确认处于测角模式，按距离测量键，即可进行距离测量，屏幕上显示 HR、HD、V，再按一次距离测量键，屏幕上则显示 HR、V、SD。

提示 1：当光电测距(EDM)在工作时，"*"标志会出现显示窗。

提示 2：要从距离测量模式返回到正常的角度测量模式下，可按[ANG]键。

(5) 精测模式/跟踪模式/粗测模式。

在距离测量模式下，选择[F2](模式)键，进行精测、跟踪、粗测模式的选择。

精测模式(F)为正常模式。跟踪模式(T)观测时间比精测模式短，在跟踪移动的目标或放样时用。粗测模式(C)观测时间比精测模式短。

(6) N 次距离测量。

在测量模式下可设置 N 次测量模式或者连续测量模式。同时按[F2]+[POWER]开机进入选择模式下的模式设置状态第 2 页，选择[F2](N 次/重复)键进行 N 次设置重复测量。通过[F3](测量次数)键设置测量次数。

按距离测量键开始连续测量，连续测量不需要时，按[F1]测量键，屏幕上显示平均值。

4) 坐标测量

可以在坐标测量键下测量，也可以在[MENU]菜单下操作，现以[MENU]菜单下数据采集为例进行坐标测量。

首先进行棱镜常数、大气改正或气温、气压值等系列设置，并量取仪器高、棱镜高(钢卷尺量出)。

具体操作如图 2-2 所示。

(1) 测站点输入如表 2-8 所示。

(2) 后视点输入如表 2-9 所示。

(3) 待测点坐标测量。

输入待测点点号、编码、镜高，即可进行坐标测量。测量数据被存储后，显示屏变换下一个镜点，点号自动增加，即可进行下一个点的坐标测量。

(4) 存储管理菜单操作。

按[MENU]键进入菜单 MENU 的 1/3 页，选择[F3]进入存储管理模式。

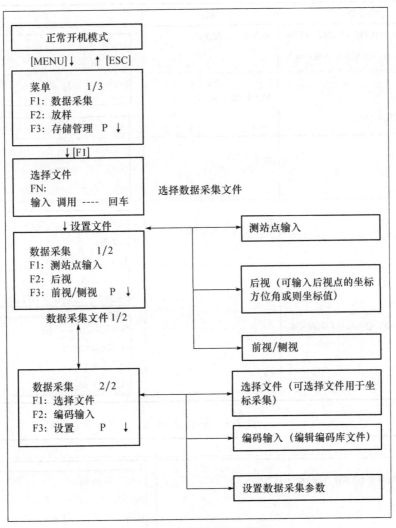

图 2-2 坐标测量操作设置

表 2-8 测站点输入设置

操作过程	操作	显示
① 由数据采集菜单 1/2 按[F1](测站点输入)键显示的数据为原有数据	[F1]	点号 →PT-01 2/2 标识符： 仪高：
② 按[F4](测站)键	[F4]	输入 查找 记录 测站
③ 按[F1](输入)键	[F1]	测站点 点号：PT-01 [ALP] [SPC] [CLR] [ENT]

13

(续)

操作过程	操作	显示
④ 输入 PT#，按[F4](ENT)键(若内存中无该点坐标，可以按坐标输入键，输入该点坐标) ⑤ 输入标识符与仪高 ⑥ 按[F3](记录)键 ⑦ 按[F3](是)键，显示屏返回数据采集菜单 1/2	输入点号后按[F4] 输入标识符与仪高 [F3] [F3]	测站点 点号：PT-01 输入 调用 坐标 回车 点号 →PT-11 标识符： 仪高：　　0.000m 输入 查找 记录 测站 点号 →PT-11 标识符： 仪高：　　1.335m 输入 查找 记录 测站 >记录？　　[是]　[否] 数据采集　　1/2 F1：测站点输入 F2：后视 F3：前视/侧视　P↓

表 2-9 后视点输入

操作过程	操作	显示
① 由数据采集菜单 1/2 按[F2]显示原有数据 ② 按[F4] ③ 按[F1](输入)键输入点号，如果内存中无该点相应坐标，可以通过按[NE/AZ]键输入定向元素，输入方法在坐标和坐标方位角之间转换	[F2] [F4] [F1] [F3] [F2]	点号 →PT-01 标识符： 仪高：　　0.000m 输入 置零 测量 后视 后视 点号 输入 调用 NE/AZ 回车 N→ E： 输入 ── AZ 回车 后视点----PT-22 编码： 镜高：　　0.000m 输入 置零 测量 后视

14

(续)

操作过程	操作	显示
④ 按上下键输入点编码，反射镜高 ⑤ 照准后视点按[F3](测量)键 ⑥ 照准后视点选择一种测量模式进行测量，确认定向数据后屏幕自动返回数据采集菜单		后视点----PT-22 编码： 镜高：　　　0.000m 角度　斜距　坐标　NP/P V: 90°00′00″ HR: 0°00′00″ SD*[n]　　　<< m >测量…… 数据采集　　　1/2 F1：测站点输入 F2：后视 F3：前视/侧视　　P↓

① 查找数据：可查找数据采集模式或放样模式下记录文件中的数据。在查找模式下，点名(PT#)、标识符、编码、仪高和镜高可以通过[编辑]键更改，但测量数据不能更改。

在此状态下按[F1](测量数据)键可查找点号、标识符、仪高和棱高，按[F2](坐标数据)键可查找 N、E、Z 坐标和编码。

② 文件维护：此模式下可进行更改文件名、查找文件中的数据和删除文件操作。

文件识别符号(*、@、&)：表示该文件的使用状态。对于测量数据，*表示测量采集模式下被选定的文件；对于坐标数据，*表示放样模式下被选定的文件，@表示数据采集模式下被选定的坐标文件，&表示放样和数据采集模式下被选定的坐标文件。

数据类型识别符号(M、C)：位于 4 位数字之前，表示数据类型，M 表示测量数据，C 表示坐标数据；4 位数字表示文件中数据的总数。

放样点和控制点的坐标数据可直接由键盘输入,在存储管理模式 2/3 菜单下,选择[输入坐标]键即可输入坐标,并存入文件内。

5) 坐标放样

(1) 测站点与后视点的输入方法与坐标测量相同，具体操作设置页面如图 2-3 所示。

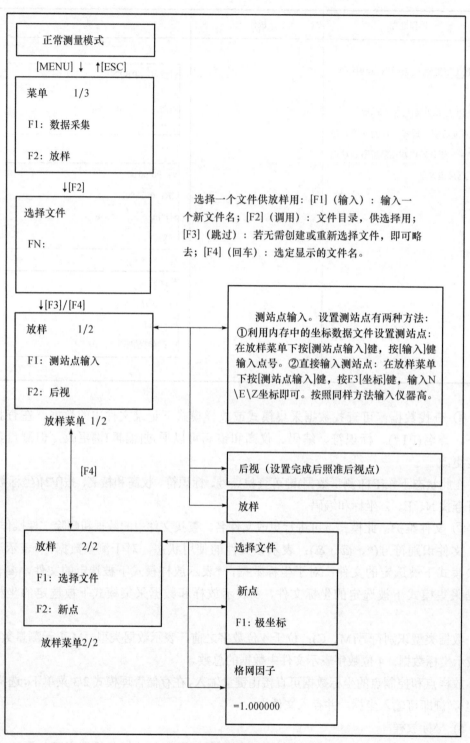

图 2-3 坐标放样操作设置

(2) 放样点输入如表 2-10 所示。

表 2-10 放样点输入

操作过程	操作	显示
① 由放样菜单 1/2 按[F3](放样)键	[F3]	放样　　　　　　　　1/2 F1：测站点输入 F2：后视 F3：放样　　　　　P↓
② 按[F1](输入)键，输入放样点号，按[F4](回车)键 注意：若文件中不存在所需的坐标数据，则需要输入该点坐标。	[F1]	放样 点号： 输入　调用　坐标　回车
③ 按同样方法输入反射镜高，当放样点设定后，仪器就进行放样元素的计算。 HR：放样点的水平角计算值 HD：仪器到放样点的水平距离计算值	照准棱镜 [F1] [F1]	镜高 输入 镜高：　　　　　0.000m 输入　----　----　回车 计算 HR＝ 90°10′11″ HD＝ 123.456m 角度　距离　----　----
④ 照准棱镜，按[F1](角度)键 HR：实际测量的水平角 dHR：对准放样点仪器应转动的水平角＝实际水平角－计算的水平角 当 dHR＝0°00′00″时，即表明放样方向正确	[F1] [F1]	点号：LP-100 HR＝ 6°20′40″ dHR＝ 23°40′20″ 距离　---　坐标　---- 角度　距离　----　---- HD*[r]　　　　　＜m dHD：　　　　　　m dZ：　　　　　　　m 模式　坐标　NP/P　继续 角度　距离　----　----
⑤ 按[F1](距离)键 HD：实测的水平距离 dHD：对准放样点尚差的水平距离＝实测平距－计算平距 dZ：对准放样点尚差的垂直距离＝实测高程－计算高程 ⑥ 按[F1](模式)键进行精测 ⑦ 当显示值 dHR、dHD 和 dZ 均为 0 时，则放样点的测设已经完成 ⑧ 按[F2](坐标)键，即显示坐标值 ⑨ 按[F4](继续)键，进行下一个放样点的测设	[F2] [F4]	N*　　　　100.000m E　　　　　100.000m Z　　　　　　1.015m 模式　角度　NP/P　继续 放样 点号：LP-101 输入　调用　坐标　回车

6) 选择模式

要进入此模式需要同时按 F2+POWER 键开机。模式设置如表 2-11 所示,单位设置如表 2-12 所示,其他设置如表 2-13 所示。

表 2-11 模式设置

模式设置	开机模式	测角/测距	选择开机后进入测角模式或测距模式
	精测/粗测/跟踪	精测/粗测/跟踪	选择开机后的测距模式,精测/粗测/跟踪
	平距/斜距	平距和高差/斜距	说明开机后优先显示的数据项,即平距和高差或斜距
	竖角 ZO/HO	天顶0/水平0	选择竖直角读数从天顶方向为零基准或水平方向为零基准
	N-次重复	N 次/重复	选择开机后测距模式,N 次/重复测量
	测量次数	0~99	设置测距次数,若设置 1 次,即为单次测量
	NEZ/ENZ	NEZ/ENZ	选择坐标显示顺序,NEZ/ENZ
	HA 存储	开/关	设置水平角在仪器关机后可被保存在仪器中
	ESC 键模式	数据采集/放样/记录/关	可选择[ESC]键的功能 数据采集/放样:在正常测量模式下按[ESC]键,可以直接进入数据采集模式下的数据输入状态或放样菜单 记录:在进行正常或偏心测量时,可以输出观测数据 关:回到正常功能
	坐标检查	开/关	选择在设置放样点时是否要显示坐标(开/关)
	EDM 关闭时间	0~99	设置电测测距(EDM)完成后到测距功能中断的时间可以选择此功能,它有助于缩短从完成测距状态到启动测距的第一测量时间(缺省值为 3min) 0:完成测距后立即中断测距模式 1~98:在 1~98min 后中断 99:测距功能一直有效
	精读数	0.2/1MM	设置测距模式(精测模式)最小读数单位 1mm 或 0.2mm
	偏心竖角	自由/锁定	在角度偏心测量模式中选择垂直角设置方式。 FREE:垂直角随望远镜上、下转动而变化 HOLDA:垂直角锁定,不因望远镜转动而变化
	无棱镜/棱镜	无棱镜/棱镜	选择开机时距离测量的模式
	激光对中器关闭时间(仅适用于激光对中类型)	1~99	激光对中功能可自动关闭 1~98:在激光对中器工作 1~98min 后自动关闭 99:人工控制关闭

表 2-12 单位设置

单位设置	温度和气压	C/F hPa/mmHg/inHg	选择大气改正用的温度和气压单位
	角度	DEG(360°) /GON(400G)/ MIL(640M)	选择测角单位，deg/gon/mil(度/哥恩/密位)
	距离	METER/FEET/FEET 和 inch	选择测距单位，m/ft/ft.in(米/英尺/英尺.英寸)
	英尺	美国英尺/国际英尺	选择 m/ft 转换系数 美国英尺 Lm=3.2808333333333ft 国际英尺 Lm=3.280839895013123ft

表 2-13 其它设置

其它设置	水平角蜂鸣声	开/关	说明每当水平角为 90°时是否发出蜂鸣声
	信号蜂鸣声	开/关	说明在设置音响模式下是否发出蜂鸣声
	两差改正	关/K=0.14/K=0.20	设置大气折光和地球曲率改正，折光系数有：K=0.14 和 K=0.20 或不进行两差改正
	坐标记忆	开/关	选择关机后测站点坐标、仪高和镜高是否可以恢复
	记录类型	REC-A/REC-B	数据输出的两种模式：REC-A 或 REC-B REC-A：重新进行测量并输出新的数据 REC-B：输出正在显示的数据
	ACK 模式	标准方式/省略方式	设置与外部设备进行通信的过程 STANDARD：正常通信 OMITED：即使外部设备略去［ACK］联络信息数据也不再被发送
	格网因子	使用/不使用	在测量数据计算中是否使用坐标格网因子
	挖与填	标准方式/挖和填	在放样模式下，可显示挖和填的高度，而不显示 dZ
	回显	开/关	可输出回显数据
	对比度	开/关	在仪器开机时，可显示用于调节对比度的屏幕并确认棱镜常数(PSM)和大气改正值(PPM)

(四) 仪器使用的注意事项与保养

全站仪是一种结构复杂、制造精密的仪器，在使用过程中应当遵循其操作规程，正确、熟练地使用。

1. 使用注意事项

(1) 新购置的仪器，首次使用应结合仪器认真阅读仪器使用说明书。通过反复学习，熟练掌握仪器的基本操作、文件管理、数据通信等内容，最大限度地发挥全站仪的作用。

(2) 阳光下或降雨中作业应当给仪器打伞遮阳、遮雨。长时间在高温环境中，可能对仪器的使用产生不良影响。

(3) 仪器应保持干燥，不要将仪器浸入水中，遇雨后应将仪器擦干，放在通风处，完全晾干后才能装箱。

(4) 全站仪望远镜不可直接照准太阳，以免损坏发光二级管。

(5) 全站仪在迁站时，应握住提手取下仪器，放在仪器箱中。

(6) 运输过程中应尽可能减轻震动，剧烈震动可能导致测量功能受损。

(7) 建议在电源打开期间不要将电池取出，因为此时存储数据可能丢失，请在电源关闭后再装入或取下电池。

2. 仪器的保养

(1) 仪器应该保持清洁，镜头不可用手去触摸，可用镜头纸清理。

(2) 电池充电应按说明书的要求进行。

(3) 定期对仪器的性能进行检查。

(4) 仪器出现故障应与厂家联系修理，不可随意拆卸仪器。

2.2　GPS–RTK

GPS(Global Positioning System)是 20 世纪 70 年代由美国陆海空三军联合研制的新一代空间卫星导航定位系统。其主要目的是为陆、海、空三大领域提供实时、全天候和全球性的导航服务，并用于情报收集、核爆监测和应急通信等一些军事目的。经过 20 余年的研究实验，耗资 300 亿美元，到 1994 年 3 月，全球覆盖率高达 98%的 24 颗 GPS 卫星星座已布设完成。

GPS-RTK 测量数据处理采用的是实时动态差分法。这是一种新的常用的 GPS 测量方法，以前的静态、快速静态、动态测量都需要事后进行解算才能获得厘米级的精度，而 RTK 是能够在野外实时得到厘米级定位精度的测量方法。RTK 采用了载波相位动态实时差分方法，是 GPS 应用的重要里程碑，它的出现为工程放样、地形测图、各种控制测量带来了新曙光，极大地提高了外业作业效率。

一般意义上的 RTK 被理解为 GPS 流动站接收 GPS 基准站差分信号，实时差分解算得到厘米级精度的测量方法。RTK 定位技术就是基于载波相位观测值的实时动态定位技术，它能够实时地提供测站点在指定坐标系中的三维定位结果，并达到厘米级精度。在 RTK 作业模式下，基准站通过数据链将其观测值和测站坐标信息一起传送给流动站。流动站不仅通过数据链接收来自基准站的数据，还要采集 GPS 观测数据，并在系统内组成差分观测值进行实时处理，同时给出厘米级定位结果，历时不足 1s。流动站可处于静止状态，也可处于运动状态；可在固定点上先进行初始化后再进入动态作业，也可在动态条件下直接开机，并在动态环境下完成整周模糊度的搜索求解。在整周未知数解固定后，即可进行每个历元的实时处理，只要能保持 4 颗以上卫星相位观测值的跟踪和必要的几何图形，流动站即可随时给出厘米级定位结果。

目前，GPS-RTK 技术已广泛应用于生产实际，尤其是交通建筑市场。

本书以日本拓普康厂家生产的 GPS 为例，借助软件 TopSURV 讲解 GPS-RTK 的操作过程及注意事项。

(一) 准备工作

准备工作主要包括 GPS+设置、已知点数据的输入等，这些都可在室内完成。

1. 运行 TopSURV 软件

手簿开机后即进入如图 2-4 所示界面，双击 TopSURV 图标，或在选中 TopSURV 图标后按 ENT 键，即可启动 TopSURV 软件，并进入如图 2-5 所示的"打开作业"界面。

图 2-4 开机界面

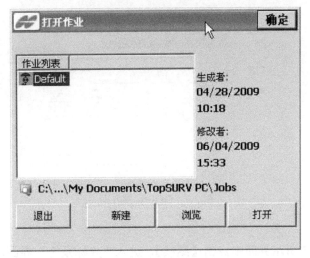

图 2-5 打开作业界面

2. 新建作业

在如图 2-5 所示界面中点击【新建】，进入如图 2-6 所示的"新作业"界面，在该界面中可以输入作业名称、生成者、注释等信息，建议项目名称按日期输入，如 09 年 6 月 06 日，项目名称可命名为 090606，按【继续】进入"测量方式"界面，如图 2-7 所示。

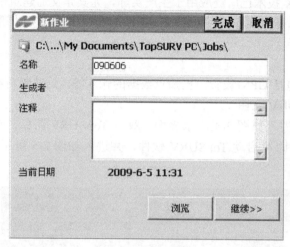

图 2-6　新作业界面

3. 选择 GPS 测量参数集

在测量之前，必须在如图 2-7 所示界面的"GPS+配置"下选择正确的参数集。每个 GPS+设置都是一个工作条件的参数集。这些参数与测量所用的仪器有关，用户可以根据使用的仪器型号设置自己的参数集，在今后的作业中只需选择自己建立的参数集即可。

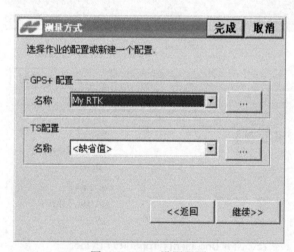

图 2-7　GPS+设置界面

4. 其他设置

(1) 在如图 2-7 所示界面中点击【继续】，进入"坐标系统"界面。在该界面中，投影必须选择<无>，基准选择 WGS84，如图 2-8 所示。

(2) 点击【继续】，进入如图 2-9 所示的"单位"设置界面。

度分秒格式为 dd.mmsssss。例：36°45′25.46″应写为 36.452546。

(3) 点击【继续】，进入"显示"界面，如图 2-10 所示。在该界面中可以设置坐标显示的类型、顺序，方位角的参考方向等。

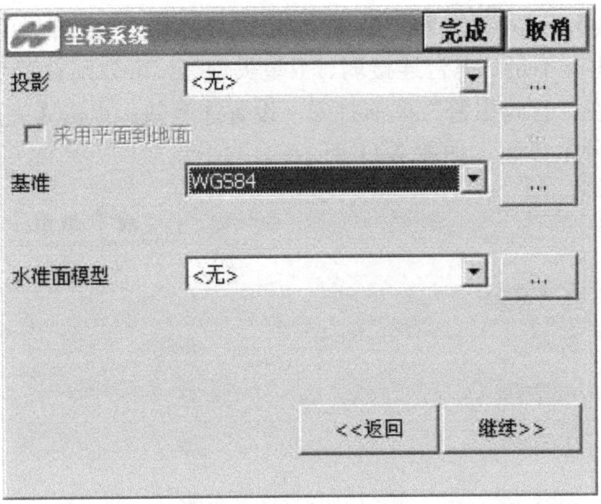

图 2-8　坐标系统界面

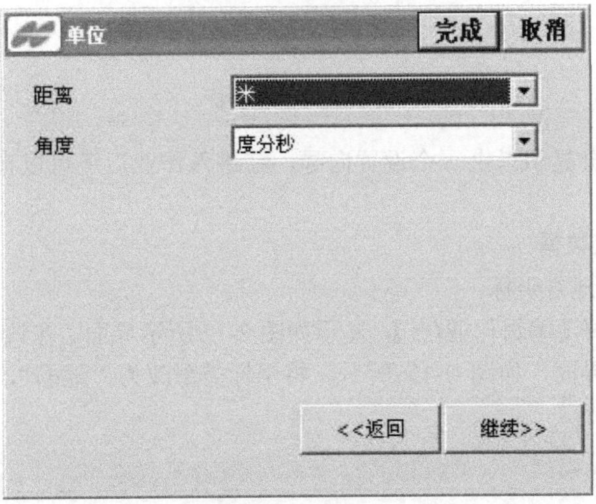

图 2-9　单位界面

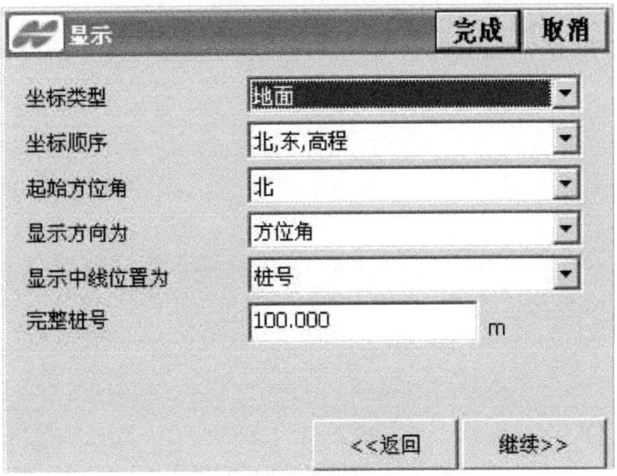

图 2-10　显示界面

(4) 点击【继续】，进入"报警"界面，如图 2-11 所示。报警界面可以设置各种声音报警，如电源低、内存不足、电台连接弱、卫星失锁等，可分别设置手簿、GPS+接收机、全站仪。不过必须在"音响报警"框前打勾，设置才有效。点击【完成】，将保存所有参数设置，并返回软件主界面，如图 2-11 所示。

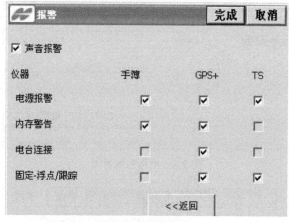

图 2-11 报警界面

新建作业时都会显示以上一个设置向导，在进入作业后还可以在【配置】中选择，对每项进行设置。

5. 输入已知点数据

1) 输入已知点地方坐标

在主界面下选择【编辑作业/点】，显示如图 2-12 所示界面。在该界面下点击【设置】进入"显示"设置界面，如图 2-13 所示。将坐标类型改为"地面"，点击【确定】返回如图 2-12 所示界面。

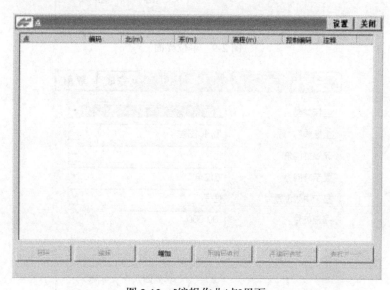

图 2-12 [编辑作业/点]界面

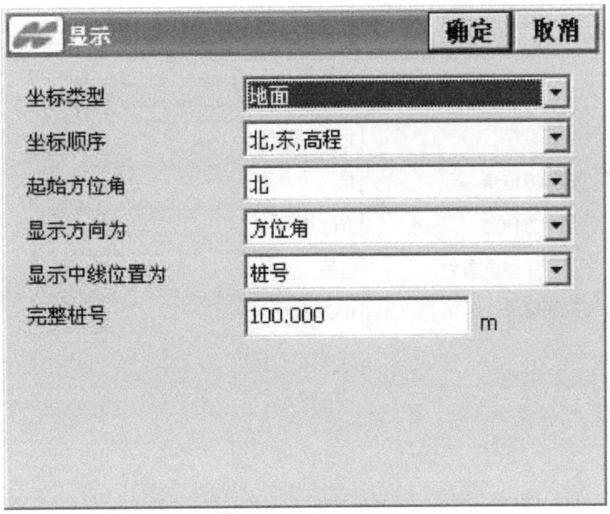

图 2-13 显示界面

在如图 2-12 所示界面点击【增加】,进入如图 2-14 所示"增加点"界面,输入已知点的点名及相应的地方坐标,然后点击【确定】返回如图 2-12 所示界面。继续点击【增加】可以输入其他点的地方坐标。

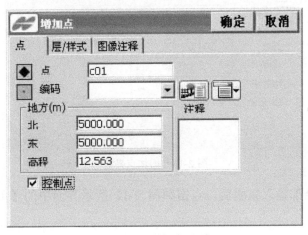

图 2-14 增加点界面

注意：如果所增加的点将会作为控制点,请将右下角的"控制点"框打勾。

2) 输入已知点 WGS84 坐标

如果已知点具有精确 WGS84 坐标,可以如下方式输入,否则这一步可省略。

在主界面下选择【编辑作业/点】,显示如图 2-12 所示界面。在该界面下点击【设置】按钮进入"显示"设置界面,如图 2-15 所示。将坐标类型改为"WGS84(维度/经度/椭球高)",然后点击【确定】返回如图 2-12 所示界面。

在如图 2-12 所示界面点击【增加】,进入如图 2-16 所示"增加点"界面,输入点名、WGS84 经纬度与大地高,然后点击【确定】返回如图 2-12 所示界面,继续点击【增加】可以输入其他点的 WGS84 坐标。

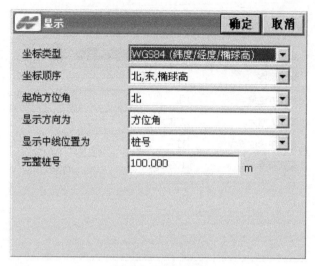

图 2-15 显示界面

图 2-16 增加点界面

在已知数据全部输入完成后,点击如图 2-12 所示界面中的【关闭】按钮,返回 TopSURV 主界面。

(二) 外业测量

RTK测量时,至少需要两台接收机,一台接收机作基准站,与其相连的天线在已知点上对中整平;另一台接收机作流动站,与其相连的天线在待测点上对中整平。

如果在地方坐标系统下进行测量,则还需进行地方坐标转换。随已知数据与作业方案的不同,地方坐标转换方案也会不同。

假设测区内有 c01、c02、c03 三点具有地方坐标,但不具有 WGS84 坐标,作业方案有两种。

1. 第一种方案:基准站架设在已知点上

1) 作业步骤

(1) 将基准站接收机架设在任一控制点(不妨假设为c01)上,对中整平,并量取天线高。

(2) 接收机、手簿都开机，将手簿连到基准站接收机上。运行TopSURV软件，并新建作业，选择正确的RTK参数集。

(3) 在TopSURV主界面下选择【设置GPS/坐标系统】菜单项，进入如图2-17所示界面。输入点名(建议为c01-84，以与作为地方坐标数据输入的点区别)、基准站天线高及测高方式，查看卫星数(框内所示)，如果超过4颗，点击【自动定位】按钮。此时"WGS84(m)"框内显示基准站点的WGS84大地经纬度与大地高，并不断变化，同时【自动定位】按钮变为【停止】，在观测至少120s以后，点击【停止】按钮。然后点击【设置基准站】，如果设置基准站成功，将会显示如图2-18所示界面。

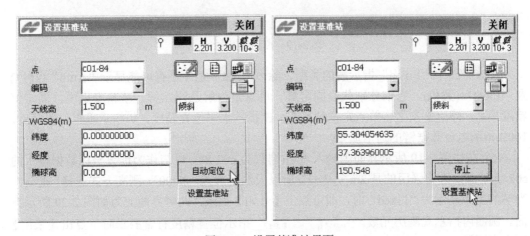

图 2-17　设置基准站界面

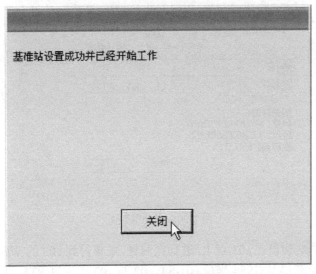

图 2-18　设置成功界面

(4) 将流动站接收机安装到2m对中杆上，架设在c02点上。接收机开机，将手簿连到流动站上，进入已建好的作业中，在TopSURV主界面下点击【测量/点测量】，进入如图2-19所示界面。

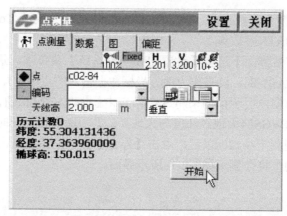

图 2-19 点测量界面

在该界面中"Fixed"指示解的类型,除"Fixed"之外还有可能显示"Auto"(红色)及"Float"(黄色),它们分别代表固定解、单点定位解及浮点解,就精度来说,固定解精度最高,浮点解次之,单点定位解最差。H 指示水平位置精度,V 指示垂直位置精度,100%指示电台数据链的通信质量。

(5) 在如图 2-19 所示界面中输入点名(建议为 c02-84,以与作为地方坐标数据输入的 c02 点区别),因为采用的是 2m 对中杆,所以天线高输入"2.000",测高方式选择"垂高"。当解的类型显示为"Fixed"时,即可点击【开始】记录,此时界面变为如图 2-20 所示界面。圆圈内指示观测历元数, 0.017 0.013 指示位置精度符合要求时,点击【采用】完成点测量。

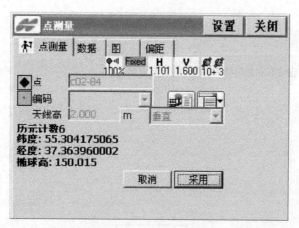

图 2-20 点测量界面

(6) 同理,流动站架设在 c03 点上,进行点测量,采集得到 c03 的 WGS84 坐标 c03-84。这样,c01 自动定位获得 WGS84 坐标 c01-84,c02 与 c03 点通过 RTK 点测量获得 WGS84 坐标 c02-84 与 c03-84。

2) 地方坐标转换

在 TopSURV 主界面中,点击【设置 GPS/地方坐标转换】菜单项,进入如图 2-21 所示"地方坐标转换"界面。

图 2-21　地方坐标转换界面

在该界面中点击【增加】，显示如图 2-22 所示"增加转换点"界面。

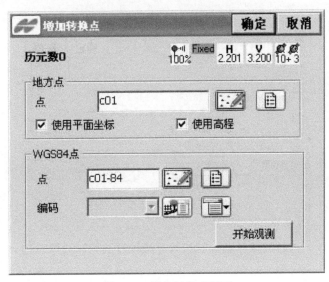

图 2-22　增加转换点界面

在如图 2-22 所示界面中，点击点列表图标分别调入控制点的地方坐标及 WGS84 坐标，然后点击【确定】返回如图 2-21 所示界面。在如图 2-21 所示界面中继续点击【增加】，将其他控制点增加为转换点。

值得一提的是，每个控制点的平面坐标与高程是否参与坐标转换，都是可选的，如图 2-22 所示。当 3 个控制点作为转换点全部增加完成后，界面显示如图 2-23 所示。

可以点击【转换参数】按钮查看转换参数。其中"H 残差"与"V 残差"栏分别表示使用该转换参数进行坐标转换后在该点上的剩余误差，一般不要超过 2cm。点击【关闭】完成坐标转换，返回 TopSURV 主界面。

图 2-23 地方坐标转换界面

坐标转换完成后，再查看【配置/坐标系统】，在"投影"一栏，将不再显示为"无"，而显示为"坐标转换"，如图 2-24 所示。此时再进行点测量与点放样，将均在地方坐标系统下进行。

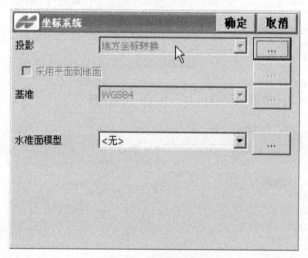

图 2-24 坐标系统界面

3) 点测量、点放样

(1) 点测量。

将流动站接收机安装到 2m 对中杆上，架设在待测点上。接收机开机，将手簿连到流动站上，进入已建好的作业中，在 TopSURV 主界面下点击【测量/点测量】，进入如图 2-25 所示界面。

输入点名、天线高及测高方式，当解的类型显示为"Fixed"，点击【开始】按钮，观测 5~10 个历元，并当 V 0.017 H 0.013 指示位置精度符合要求时，点击【采用】完成该点数据采集。

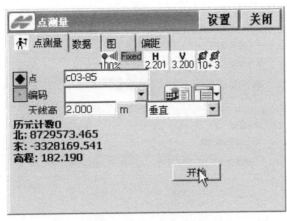

图 2-25 点测量界面

(2) 点放样。

首先将设计点坐标作为已知点数据输入作业中,然后点击【放样/点】菜单项,进入如图 2-26 所示"点放样"界面。

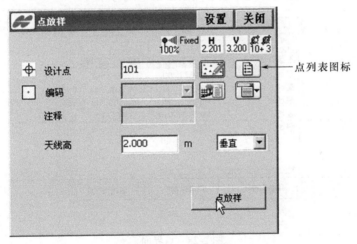

图 2-26 点放样界面

在该界面中"Fixed"指示解的类型,除"Fixed"之外还可能显示"Auto"及"Float",它们分别代表固定解、单点定位解及浮点解,$\overset{H}{_{0.013}}$ 指示水平精度,$\overset{V}{_{0.017}}$ 指示垂直精度,$\overset{\bullet \text{—ill}}{_{100\%}}$ 指示电台数据链的通信质量。

在如图 2-26 所示界面中,点击【设置】按钮,进入如图 2-27 所示"放样参数"界面。

在该界面中可以设置放样点与设计点的水平距离限差、放样时的参考方向、放样点存储时的后缀名(与设计点区别),以及放样时解的类型(一般为固定解)。参考方向有 3 个选项,选择"移动方向",放样时会根据流动站的移动方向,指示向左还是向右,向前还是向后移动;"N"表示参考方向为北方向,放样时需配合手簿托架上的指南针移动流动站逼近设计点位;选择"参考点/方位",放样时会要求输入参考点或参考方位,然后根据与参考点或参考方位的相对位置进行放样。设置完成后,点击如图 2-27 所示界面中的【确定】按钮返回如图 2-26 所示"点放样"界面。

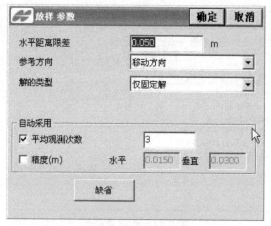

图 2-27 放样参数界面

进行点放样，首先在"点放样"界面中点击点列表图标(如图 2-26 所示)进入"点"界面(图 2-28)调入欲放样的设计点，并输入正确的天线高及测高方式，然后当解的类型显示为"Fixed"，点击【点放样】，显示如图 2-29 所示界面。

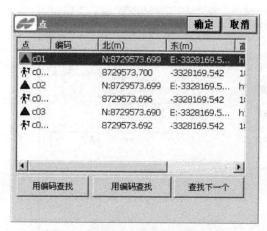

图 2-28 点界面

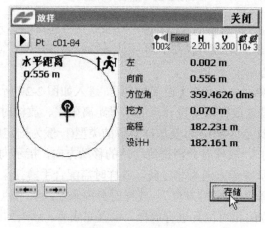

图 2-29 放样界面

图 2-29 是参考方向选择"移动方向"时的放样界面，当放样点与设计点偏差符合要求时，点击【存储】按钮保存放样点。

2. 第二种方案：基准站架设在未知点上

1) 作业步骤

(1) 在测区中央选择一个有一定高度且视野开阔的未知点，并将基准站接收机架设在上面，对中整平，量取天线高。

(2) 接收机、手簿都开机，将手簿连到基准站接收机上。运行 TopSURV 软件，并新建作业，选择正确的 RTK 参数集。

(3) 在 TopSURV 主界面下选择【设置 GPS/坐标系统】菜单项，进入如图 2-30 所示界面。输入点名(假设为 BASE)、天线高及测高方式，查看卫星数，如果超过 4 颗，点击【自动定位】按钮。此时"WGS84(m)"框内显示基准站点的 WGS84 大地经纬度与大地高，并不断变化，同时【自动定位】按钮变为【停止】，在观测至少 60s 以后，点击【停止】按钮。然后点击【设置基准站】，如果设置基准站成功，将会显示如图 2-31 所示界面。

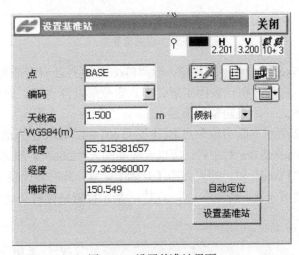

图 2-30 设置基准站界面

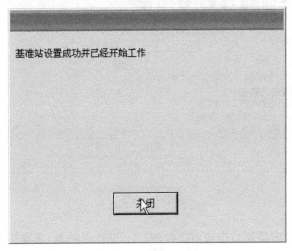

图 2-31 设置成功界面

(4) 将流动站接收机安装到 2m 对中杆上，架设在 c01 点上。接收机开机，将手簿连到流动站上，进入已建好的作业中，在 TopSURV 主界面下点击【测量/点测量】，进入如图 2-32 所示界面。

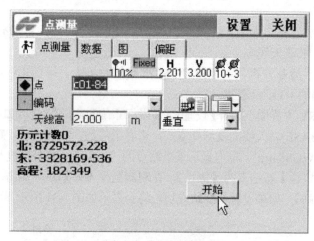

图 2-32　点测量界面

在该界面中"Fixed"指示解的类型，除"Fixed"之外还有可能显示"Auto"(红色)及"Float"(黄色)，它们分别代表固定解、单点定位解及浮点解，就精度来说，固定解精度最高，浮点解次之，单点定位解最差。

(5) 在如图 2-32 所示界面中输入点名(建议为 c01-84，以与作为地方点输入的 c01 点区别)，因为我们采用的是 2m 对中杆，所以天线高输入"2.000"，测高方式选择"垂高"。当解的类型显示为"Fixed"时，即可点击【开始】记录，此时界面变为如图 2-33 所示界面。圆圈内指示观测历元数，当 0.017 ‖ 0.013 指示位置精度符合要求时，点击【采用】完成该点数据采集。

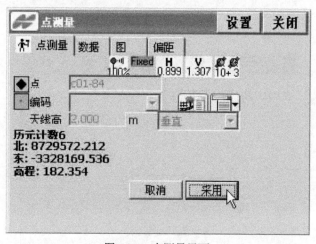

图 2-33　点测量界面

(6) 同理，流动站先后架设在点 c02 与 c03 上，进行点测量，采集得到 c02-84 与 c03-84。这样，c01、c02 与 c03 点都通过 RTK 点测量获得了 WGS84 坐标：c01-84、c02-84 与 C03-84。

2) 地方坐标转换

在 TopSURV 主界面中，点击【设置 GPS/地方坐标转换】菜单项，进入如图 2-34 所示"地方坐标转换"界面。

图 2-34　地方坐标转换界面

在该界面中点击【增加】，显示如图 2-35 所示"增加转换点"界面。

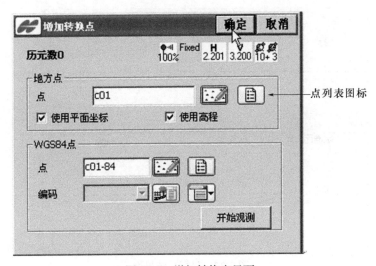

图 2-35　增加转换点界面

在如图 2-35 所示界面中，点击点列表图标分别调入控制点的地方坐标及 WGS84 坐标，然后点击【确定】返回如图 2-34 所示界面。在如图 2-34 所示界面中继续点击【增加】，将其他控制点增加为转换点。

值得一提的是，每个控制点的平面坐标与高程是否参与坐标转换，都是可选的，如图 2-35 所示。当三个控制点作为转换点全部增加完成后，界面显示图 2-36 所示，此时可以点击【转换参数】按钮查看已求得的转换参数。注意"H 残差"与"V 残差"一般不应超过 2cm。

图 2-36　地方坐标转换界面

然后，点击【关闭】完成坐标转换，返回 TopSURV 主界面。

坐标转换完成后，再查看【配置/坐标系统】，在"投影"一栏，将不再显示为"无"，而显示为"坐标转换"，如图 2-37 所示。此时再进行点测量与点放样，将均在地方坐标系统下进行。

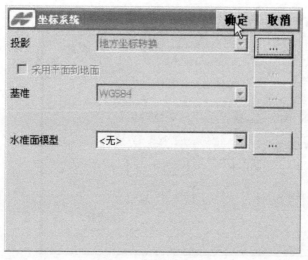

图 2-37　坐标系统界面

3) 点测量、点放样

点测量、点放样与第一种方案中的操作完全相同，这里就不再赘述了。

3. 推荐方案

第一种方案，基准站架设在已知点上，流动站分别在其他控制点上进行点测量，获得 WGS84 坐标，然后再进行坐标转换。第二种方案，基准站架设在未知点上，流动站需在所有控制点上进行点测量，获得 WGS84 坐标，然后再进行坐标转换。

比较而言，更推荐第二种方案。因为在第二种方案中，基准站可以选择架设在测区中央一定高度且视野开阔的理想点位上。基准站架得越高，电台信号的传输距离越远，信号质量也越好；视野开阔保证能接收到更多且信号更好的卫星；基准站架在测区中央能更好地覆盖整个测区，减少基站架设次数。

习 题

1. 全站仪的构造是什么？
2. 全站仪包含的四大光学系统是什么？
3. 全站仪测量的基本原理是什么？
4. 全站仪坐标放样的基本原理是什么？
5. GPS RTK 的工作原理是什么？
6. GPS RTK 作业模式有哪些？
7. 利用 GPS RTK 作动态测量时，操作程序是什么？

第 3 章 基本测设工作

3.1 概 述

公路工程建设施工阶段的测量工作,其主要内容是将图上设计好的各种建(构)筑物的位置、形状、大小及高低等按施工要求在实地上标定出来,以作为施工的依据。这种将设计图上的内容按设计要求标定到实地上的测量工作称为测设,俗称放样。由于各种建(构)筑物的形体总可以由一些特征点来确定,所以放样工作可以归结为将设计图一些特征点按其设计要求标定到实地。放样和测图时所用的仪器及依据的基本原理相同,但它们的工作过程却恰好相反。测图是将地面特征点测绘到图上并绘出相应的地物;放样则是将图上特征点在实地标定出,以供实际施工时应用。

放样工作也应遵循从整体到局部的原则。它的一般程序是:先建立整个施工场地的施工控制,然后放样各建(构)筑物的主要特征点,最后进行细部放样。

进行实地放样前,要根据场地已有控制点与待设点的相关位置,计算出待放样点与控制点之间的有关数据——水平距离、水平角和高差等,这些数据统称为放样数据。然后在已知点上架设仪器,按算得的放样数据定出待设点位。所以一般又将距离、水平角和高差称为放样元素。放样数据的计算在放样工作中十分重要,计算时必须非常仔细。

放样的方法较多,但无论是距离、角度、高差等元素的放样,还是放样点位,都可以分为直接法和归化法两大类。直接法放样,是根据已知点和放样数据,在实地直接定出相应位置。归化法则是先在实地用直接法定出一个近似位置,然后精确测定这个位置,最后根据其与该设计位置的差值,由近似位置定出设计位置,从而得出较为精确的待设位置。因为在测定近似位置时可以采取各种措施提高测定精度,所以测定结果也是比较精确的。同时,由于归化值一般都比较小,归化改正中的误差小到可以略而不计,故归化法放样的精度一般要高于直接法,常用于精密放样工作。

3.2 水平角、平距、高程的测设

3.2.1 已知水平角的测设

水平角的测设工作,俗称"拨角",其基本原理是根据已知的水平角数据和地面上一个已知点及一个已知方向,用经纬仪(全站仪)在地面上标定出水平角的另一个方向。测设方法包括一般方法和精密方法。

1. 一般方法

如图 3-1 所示,O 为地面上已知点,OA 为已知方向,现要测设水平角 β,测设步骤

如下:

首先将经纬仪(全站仪)安置于 O 点,用盘左瞄准 A 点,将水平度盘读数配置为 $0°00'00''$。顺时针旋转照准部,当水平度盘读数为 β 值时,固定照准部,指挥司镜人员在视线方向上的适当位置定出 B_1 点。为了消弱仪器误差的影响,再用盘右重复上述操作,可定出 B_2 点。取 B_1B_2 的中点 B,则 OB 即为所要测设的水平角 β 的另一条边,如图 3-2 所示。

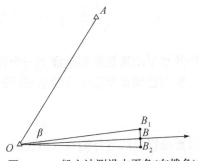 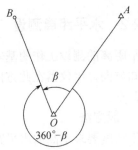

图 3-1　一般方法测设水平角(右拨角)　　　　图 3-2　一般方法测设水平角(左拨角)

以上情况为待测设角 β 位于已知边的右侧,若 β 角位于已知边 OA 的左侧(图 3-2),此时所需测设的第二方向 OB 的度盘读数值应为 OA 方向读数减去待测设角的角值,或将待测设水平角 β 换算成右角值(即 $360°-\beta$),再按上述方法放样。

一般将测设已知方向右侧的角称为"右拨角",测设已知方向左侧的角称为"左拨角"。为了防止出错,在测设之前需绘制测设略图,注明左拨还是右拨。

若测设数据 β 是由方位角解算求得,则可根据已知边的方位角来配置度盘进行放样。

例如,当用盘左照准 A 点时将度盘读数配置为 α_{OA},顺时针旋转照准部,当度盘读数为 α_{OB} 时,此时视线方向即为待测设角的终边方向。用方位角配置度盘放样,可防止出现左、右角拨错的情况,同时也可避免计算测设角值的错误,减少计算工作量。

2. 精密方法

从上述测设方法可以看出,此方法缺少多余观测,因此精度不是很高。当水平角的测设精度要求很高时,可采用精密方法——归化法。归化法测设角度也称直尺定点法。其操作步骤如下:

如图 3-3 所示,O、A 两点为已知点,β 为待测设水平角。首先,在 O 点安置经纬仪(全站仪),先用直接法测设出过渡点 B'(可仅用一个盘位);然后用测回法精确测定 $\angle AOB'$。由于测设过程存在误差,故测得 $\angle AOB' = \beta'$,与已知值 β 不符。计算已知水平角 β 与 β' 的差值 $\Delta\beta$,则 $\Delta\beta = \beta - \beta'$,再在实地量测 OB' 长度设为 S,由于 $\Delta\beta$ 一般都很小,故可用下式计算正确待测设方向上的某点 B 至 OB' 的垂距 δ,即

$$\delta = S \cdot \Delta\beta'' / \rho''$$

计算得 δ 后,在实地用直尺自 B' 点作垂直于 $B'O$ 的方向线,在此方向上截取 δ 长度,即可定出正确位置 B 点。

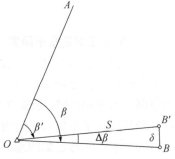

图 3-3　精密方法测设水平角

在实地确定 B 点时有一个方向问题。当 Δβ 为正时，向 β′ 角增值方向量取 δ；当 Δβ 为负时，向 β′ 角减小方向量取 δ，最终定出 B 点，即∠AOB=β。

【例 3.1】 设 Δβ=+24″，S=100.00m，则

$$\delta = 100 \cdot 24″/206265″=0.012\text{m}$$

从 B′ 作垂直于 B′O 的方向线，在此方向上，向 β′ 角增值方向量取 0.012m，最终定出 B 点，则∠AOB=β。

3.2.2 水平距离测设

水平距离的测设工作的基本原理是根据已知的水平距离数据和地面上一个已知点及一个已知方向，用仪器在此方向上标定出一点，使得已知点至标定点的水平距离等于已知水平距离。

1. 一般方法

对于精度要求不高的水平距离测设，可采用普通钢尺法进行测设。测设时，按给定的方向，从已知点 A 起，平量出所给定的长度值，即可把线段的另一端点 B′ 测设出来，为了提高精度，应往返丈量测设的距离，若往返较差在限差范围内，则取其平均值，设为 D′，计算

$$\Delta D=D-D'$$

当 ΔD>0 时，在已知方向上从 B′ 点延长 ΔD 定出 B 点，若 ΔD<0 时，在已知方向上从 B′ 点缩短 ΔD 定出 B 点。

2. 精密方法

当测设水平距离的精度要求较高时，应按钢尺精密量距方法进行测设，其步骤如下：
(1) 先用一般方法测设出概略水平距离 AB′；
(2) 再按钢尺精密量距和计算方法求出 AB′ 的精确距离，设为 D′；
(3) 计算 ΔD=D-D′，当 ΔD>0 时，在已知方向上从 B′ 点延长 ΔD 定出 B 点；反之，在已知方向上从 B′ 点缩短 ΔD 定出 B 点。

【例 3.2】 如图 3-4 所示，设待测设的水平距离为 80.000m，概略量取 AB′ 后再精密丈量。经计算得，$D_{AB'}$=80.026m，由此求得 ΔD=80.026－80.000=0.026m，因此应沿已知方向由 B′ 向 A 点方向量 0.026m 得 B 点，则 AB 间水平距离为 80.000m。

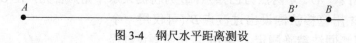

图 3-4 钢尺水平距离测设

3. 全站仪测设水平距离

在已知点 A 点安置全站仪，瞄准已知方向，将待测设距离输入到全站仪内，观测人员用跟踪法指挥立镜员沿测设方向前后移动反光镜，当仪器屏幕上显示的水平距离恰好为待测设水平距离时，通知立镜员在该点做好标记，记为 B′。然后实测 AB′ 的水平距离，如果测得的水平距离与已知的水平距离之差满足精度要求，则定出 B 点的最终位置，若测得的水平距离与已知的水平距离之差超出限差要求，应进行改正，直至测设的水平距离符合限差要求为止。

3.2.3 已知高程的测设

已知高程的测设就是根据一个已知高程的水准点,将另一个点的设计高程在实地上标定出来。

1. 地面点的高程测设

在进行高程测设时,场地附近应有已知高程的水准点 A,其高程为 H_0,a 为已知点上标尺读数。如图 3-5 所示,则水平视线高程 $H_i=H_0+a$,现要将设计高程 H 在 B 点上标定出来。则根据设计高程求得设计面上的前视读数 b 为

$$b=H_i-H=H_0+a-H$$

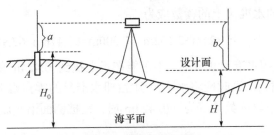

图 3-5 高程测设原理

将水准尺紧靠 B 桩,上、下移动水准尺,当水准仪中丝读数恰好为 b 时,则 B 点水准尺尺底部高程即为待测设的高程 H。然后在 B 桩上沿水准尺底部做记号,即得设计高程的位置。

根据 b 的符号进行划分,地面点高程测设可分为水准仪正尺法和倒尺法两种。

当 $b>0$ 时,采用水准仪正尺法测设高程;当 $b<0$ 时,采用水准仪倒尺法测设高程。

【例 3.3】 如图 3-6 所示,现要根据已知水准点 R,其高程 $H_R=65.324$m,在 A 点测设设计高程为 $H_A=66.936$m 的位置,可按如下步骤进行:

(1) 安置水准仪在水准点 R 附近,后视水准点 R 上的水准尺,读得后视读数 $a=2.152$m。

(2) 计算视线高程

$$H_i=H_R+a=65.324+2.152=67.476\text{m}$$

(3) 计算在 A 点的水准尺上的读数应为

$$b=H_i-H_A=H_R+a-H_A=65.324\text{m}+2.152\text{m}-66.936\text{m}=67.476\text{m}-66.936\text{m}=0.540\text{m}$$

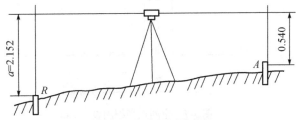

图 3-6 水准仪测设高程

(4) 将 A 点上的水准尺沿木桩侧面上下移动,当水准仪中丝读数恰好为 b 时,在桩侧面沿尺底画一横线,此即为 A 点设计高程位置。常用红油漆画一倒立三角形"▽",其

上边线与尺底横线重合,并注明标高,以便使用。如果地面标高与设计标高相差较大,则无法将设计高程标定在桩顶或一侧时,可只测出桩顶高程,再根据该点设计高程计算出填挖数,注明在指示桩上。

【例3.4】 如例3.3,若A点的设计高程为67.9000m,其他条件不变,又将如何测设?

具体步骤如下:

(1) 安置水准仪在水准点R附近,后视水准点R上的水准尺,读得后视读数a=2.152m。

(2) 计算视线高程

$$H_i = H_R + a = 65.324 + 2.152 = 67.476 \text{m}$$

(3) 计算在A点的水准尺上的读数应为

$b = H_i - H_A = H_R + a - H_A = 65.324\text{m} + 2.152\text{m} - 67.900\text{m} = 67.476\text{m} - 67.900\text{m} = -0.424\text{m}$

(4) 此时$b<0$,说明水准尺正立时,不可能在尺上找到-0.424m的读数(即视线高程小于待测设点的设计高程),这时应将水准尺倒立(即水准尺的零点端向上),并沿木桩侧面上下移动,当水准仪中丝读数恰好为$-b$(0.424m)时,在桩侧面沿尺底画一横线,此即为A点设计高程位置。

2. 空间点位高程测设

当待测设的点位于深坑或高层建筑上时,待测设点与已知水准点的高差相差较大,常规测设方法无法进行。此时通常同时用两台水准仪倒挂钢尺法进行。

【例3.5】 如图3-7所示,已知地面水准点BM_1的设计高程为H_1,现要测设深坑内BM_2点的设计高程H_2,具体测设步骤如下:

(1) 在坑口设支架,将钢尺自由悬挂在支架上,尺子零点向下,尺零点端悬挂重锤(一般为10kg)。分别在地面A点和地下B点架设水准仪,在地面水准点BM_1及地下待测设水准点BM_2上竖立水准尺。使地面和地下水准仪同时在钢尺上读出L_1、L_2两个读数,再分别在两根水准尺上读取读数a_1及a_2。

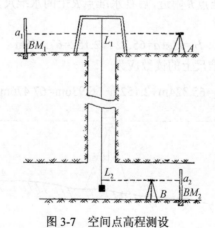

图3-7 空间点高程测设

(2) 计算地面和地下水准仪视线高程为

$$H_{i_1} = H_1 + a_1$$

$$H_{i_2} = H_{i_1} - (L_1 - L_2)$$

(3) 计算 BM_2 点水准尺上应读数为

$$b = H_{i_2} - H_2 = H_{i_1} - (L_1 - L_2) - H_2$$

使 BM_2 点水准尺沿木桩侧面上下移动，当水准仪中丝读数恰好为 b 时，在桩侧面沿尺底画一横线，此即为 BM_2 点设计高程位置。

3. 全站仪无仪器高法高程测设

当待测设高程点位于高低起伏较大的区域(如大型体育馆的网架、桥梁构件、厂房或机场屋架等)时，若采用前面所述的测设方法，难度很大，并且精度难以保证。因此，这时可利用全站仪测距的优点，采取全站仪无仪器高法进行待测设点高程的实地标定。

【例 3.6】 如图 3-8 所示，A 点镜高为 L_1，B 点镜高为 L_2，全站仪观测 A 点的竖直角为 α_1，斜距为 S_1，观测 B 点的竖直角为 α_2，斜距为 S_2，全站仪中心点设为 O。A 点为已知水准点，其高程为 H_A，现欲在 B 点测设已知高程 H_B。

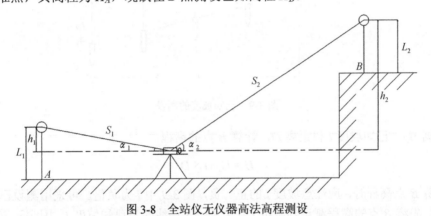

图 3-8 全站仪无仪器高法高程测设

根据高程测设原理，具体测设步骤如下：

(1) 计算全站仪中心高程：

$$H_0 = H_A + L_1 - h_1$$

(2) 计算全站仪中心至 A 点和 B 点的高差：

$$h_1 = S_1 \times \sin \alpha_1$$
$$h_2 = S_2 \times \sin \alpha_2$$

(3) 根据水准原理，可计算 B 点高程为：

$$H'_B = H_0 + h_2 - L_2 = H_A + L_1 - h_1 + h_2 - L_2 = H_A + (L_1 - L_2) - (h_1 - h_2)$$
$$= H_A + (L_1 - L_2) - (S_1 \times \sin \alpha_1 - S_2 \times \sin \alpha_2)$$

若 H_B 与 H'_B 较差在测设精度范围内，则棱镜杆底部即为设计高程测设位置，若较差超出测设精度范围，则可在 B 点桩上标明差值，以指示下挖或上填数值。

注意以下问题：

(1) 为了提高测设精度，条件允许时，可使 A 点和 B 点的镜高相等；

(2) 当测站与目标间距离超过 150m 时，上述高差 h_1、h_2 需考虑大气折光和地球曲率的影响，即

$$h = D \times \tan a + (1-k) \times D^2 / 2R$$

式中：D 为水平距离；a 为竖直角；k 为大气折光系数，一般取 $k=0.14$；R 为地球曲率半径，一般取 $R=6370$km。

4. 已知坡度的测设

已知坡度的测设就是在地面上定出直线，其坡度等于给定的设计坡度。该测设方法已广泛应用于道路工程、排水管道等工程的施工中。

如图 3-9 所示，设地面上 A 点的高程为 H_A，A、B 的水平距离为 D，从 A 点沿 AB 方向测设一条坡度为 i 的直线。其测设步骤如下。

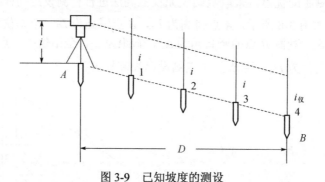

图 3-9　已知坡度的测设

根据 H_A、已知坡度 i 和距离 D，计算 B 点的高程：

$$H_B = H_A + i \times D$$

计算 B 点高程时，应注意坡度 i 的正、负，图 3-9 中 i 为负值。可采用测设已知高程的方法，先将 B 点的高程测设到木桩之上，则 AB 连线即为已知坡度 i。因实际道路的施工中，AB 两点的距离都比较长，只有起点和终点一般很难控制该段道路按设计坡度要求施工。因此，往往要在 AB 中间加密 1，2，…，n 点，且使其坡度亦为 i。当坡度不太大时，可在 A 点上安置水准仪，并使任意一个脚螺旋位于 AB 方向线上，另外两个脚螺旋的连线大致与 AB 连线垂直，量取仪器高，用望远镜照准 B 点的水准尺，旋转位于方向线上的脚螺旋，使其读数等于仪器高度，此时仪器的视线即为已知的坡度线。然后在中间各点上打木桩，并在桩顶上立尺使其读数均为仪器高度，这样所得的各桩顶连线就是测设的坡度线，当坡度较大时，可用经纬仪(全站仪)测设出各点。

3.3　点的平面位置测设

(一) 直角坐标法测设点的平面位置

当施工场地布设有建筑方格网或彼此垂直的轴线时，可以根据已知两条互相垂直的方向线来进行测设工作。该法具有计算简单、测设方便等优点。

如图 3-10 所示，施工现场附近有 A、B 两个已知控制点，现要将厂房 4 个角点的已

知坐标测设到实地。现以角点 1 为例说明放样方法。

(1) 以 A 点为测站点，B 作为后视点。

(2) 计算 1 点与 A 点的纵、横坐标差 Δx_1，Δy_1。

(3) 将经纬仪(全站仪)安置在测站点 A 上，正镜照准后视点 B，沿此方向线从 A 点测设距离 Δy_1，标定点 M；再将仪器移置于 M 点，后视照准 A 点，用正倒镜法顺时针测设直角，在标定的垂线方向上，从 M 点测设距离 Δx_1，即可标定出 1 点。其他角点 2、3、4 可用同样方法测设。最后，应测量 1—2、2—3、3—4、4—1 边的长度，以检验测设长度与设计长度之差是否符合规范要求。

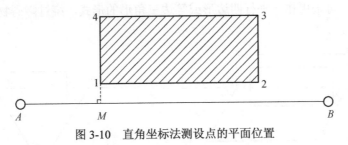

图 3-10　直角坐标法测设点的平面位置

(二) 极坐标法测设点的平面位置

极坐标法是利用一控制点 A 及一已知方向 AB，先测设一水平角度 β，定出已知方向，然后在此方向上测设一段距离 D_{AP}，进而确定点 P 的平面位置，如图 3-11 所示。具体测设步骤如下：

(1) 计算测设数据 β 和 D_{AP}。通过坐标反算求得 AB、AP 两方向的坐标方位角，两方位角之差即为 β。利用两点间距离公式求得 D_{AP}。

(2) 测设时，先在 A 点安置经纬仪(全站仪)，照准 B 点，测设出角度 β，定出 AP 方向，然后沿此方向用钢尺测设距离 D_{AP}，在地面标定出 P 点位置。

(3) 如需精确测设 P 点，可用归化法测设角度 β 和距离 D_{AP}。

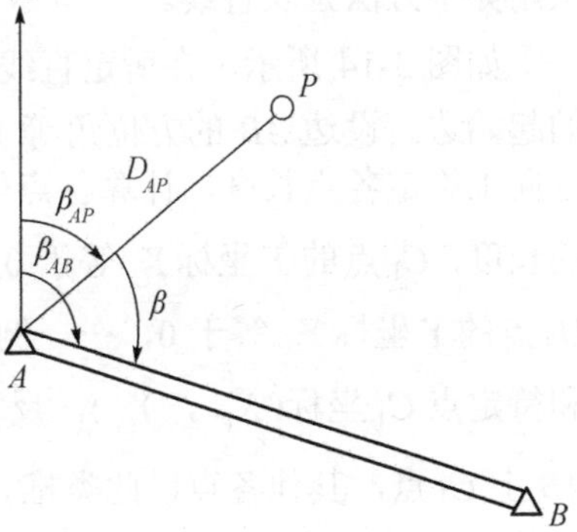

此方法若利用经纬仪和钢尺测设，适用于地势平坦、测设点距控制点较近、便于量距的地方。

图 3-11　极坐标法测设点的平面位置

在测设中为避免出现差错，要做到"步步检核"。计算测设数据时采用两人分别独立计算，测设时要重复测设或由不同控制点为测设依据等方法来检核测设点点位。

(三) 正倒镜分中法延长直线

无论是测设交点或转点，常需要在现场延长直线和在两点间设转点。延长直线可采用经纬仪正倒镜分中法。如图 3-12 所示，A、B 为两个互相通视的点，现在要求将 A、B 线段延长到距 A 点距离长为 d 点的地方。为此，可在 B 点安置经纬仪，量出 AB 长为 d_1，盘左照准 A 点，然后倒镜在视线方向标出 C_1 点；再盘右照准 A 点，倒镜标出 C_2 点，取 C_1C_2 的中点得转点 C，则 A、B、C 位于同一条直线上。量出 BC 长得 d_2，累计 d_1+d_2，再搬仪器于 C，同法测设出 D。如此下去，直至累计距离等于 d 即得终点 N。

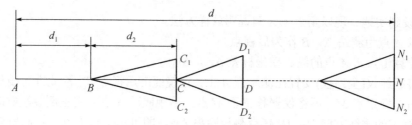

图 3-12 正倒镜分中法延长直线

在延长直线的过程中,有时会遇到障碍物或测设困难的地形,因不通视,而无法设置转点。此时,可采用作一平行四边形或等边三角形的形式,绕过障碍物,设置转点,如图 3-13 所示。

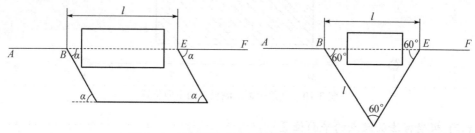

图 3-13 正倒镜分中法延长直线(遇障碍物)

这种延长直线的方法可能因设站次数多,致使误差累积增大。为避免这种情况,可采用如下方法延长直线。

如图 3-14 所示,在所定直线附近布设一条全站仪支导线 A-B-C-D,使 AB 作为导线的起始边。设边 AB 的方位角等于 0,B 点的 X 坐标 $X_B=0$,B 点的 Y 坐标 $Y_B=0$,在 AB 方向上给定各点长度,计算各点坐标。例如,C_1 点,令 C_1 点的 X 坐标 X_{C_1} 等于边 BC_1 的长度,C_1 点的 Y 坐标 Y_{C_1} 等于 0,…,D_2 点,令 D_2 点的 X 坐标 X_{D_2} 等于边 BD_2 的长度,D_2 点的 Y 坐标 Y_{D_2} 等于 0,…。例如,在测站点 C 上安置仪器,利用测站坐标(X_C, Y_C)和待定点 C_1 坐标(X_{C_1}, Y_{C_1}),反算放样数据,按极坐标法测设放样数据,即可测设直线 AB 上 C_1 点,其他各点以此类推。

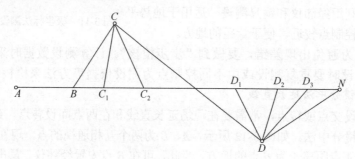

图 3-14 正倒镜分中法延长直线(遇障碍物)

(四) 交会法测设点的平面位置

1. 距离交会法

当施工场地不便使用经纬仪,且从设计点到两已知点的距离均不超过卷尺的长度时，则可采用距离交会法测设。这个方法就是利用设计点到两控制点间的两段距离测设点位。

如图 3-15 所示，先按坐标反算距离 a 与 b，再在 A、B 点上分别以长度 a、b 为半径作圆弧，两圆弧的交点就是测设的设计点 P。

2. 角度前方交会法

深水中的桥墩和高层建筑物定位时，由于结构物的尺寸较大，形状复杂，直接测设距离困难。因此，可采用前方交会法测设，它是工程建设中常用的一种测设方法。

前方交会法的基本原理是在两个已知点上设站，利用设计点与已知点的坐标，计算两个水平角度，根据两个方向线直接交会定点。如图3-16所示，地面上已有两个控制点 A、B，设计点 P 的坐标也为已知。测设前，先按控制点与设计点坐标计算坐标方位角 α_{AP}，α_{BP}，再计算水平角 β_1，β_2，然后进行测设。

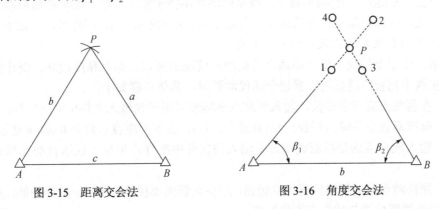

图 3-15　距离交会法　　　　　图 3-16　角度交会法

测设时，在 A 点设站，以 B 点为后视，正镜，使仪器照准部顺时针方向旋转($360°-\beta_1$)角，倒镜，再观测一次，并在 P 点附近先后画出两条方向线，取两方向线的平均方向 AP，同时在 P 点附近沿 AP 方向设置1、2两桩。同法，在 B 点设站，以 A 点为后视，并沿 BP 方向在 P 点附近设置3、4两桩。沿1—2与3—4方向各拉一根细绳，两绳的交点就是所测设的 P 点，然后用木桩标定。

3. 方向线交会法

方向线交会法是根据两条互相垂直的方向线相交后来定点。这种方法的主要工作是设置两条互相垂直的方向线端点，最适用于建立了厂房控制网的施工现场。对于一些需要多次恢复位置的点位放样，用此方法最为方便。设置方向线端点的方法很多，这里仅介绍一种在控制边上量距定端点的方法。

如图 3-17 所示，N_1、N_2、S_1、S_2 为控制点(如厂房控制网角点)，P 为待测设点(如某柱子中心)。为了放样 P 点，必须先确定方向线端点的位置，并在实地标定出来。图中 E、E'、R、R' 的位置即为方向线端点，可依据已知点坐标和 P 点坐标，分别求得它们在控制边上至相应控制点的距离 a、b、c、d 后，用量距的方法在实地定出。然后，分别在方向线端点 E 和 R 上安置经纬仪，照准对应定向点 E' 与 R'，形成方向线 E-E' 与 R-R'，即可直接交出待定点。或沿 E-E' 和 R-R' 方向线，在 P 点附近先定出 m、m' 及 n、n'，再在 m、m' 及 n、n' 间拉线交出所需的 P 点。

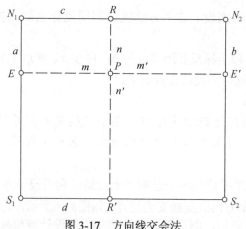

图 3-17 方向线交会法

如果(E、E')或(R、R')间不通视，或是两端点不便于安置仪器，则可在对应端点上安置观测标志，先以正倒镜投点法定出方向线上 m、m'(或 n、n')，同样可以交出 P 点。

(五) 全站仪坐标法测设点的平面位置

目前，由于全站仪不仅能够适合各类地形情况的测设，而且精度较高、操作简便，在生产实践中已被广泛采用。采用全站仪测设时，具体步骤如下：

(1) 在测站点安置全站仪，输入测站点坐标或调用预先输入文件中测站坐标；

(2) 瞄准后视点并输入后视点坐标(或方位角)，置水平度盘读数为 0.0000(度分秒)；

(3) 输入放样点的坐标或调用预先输入的文件中放样点坐标，仪器自动计算测设数据；

(4) 在待测设点的概略位置处立棱镜，用望远镜瞄准棱镜，按坐标放样功能，则可马上显示当前棱镜位置与放样点的坐标差；

(5) 根据坐标差移动棱镜位置，直至坐标差为零，这时棱镜所对应的位置即为放样点的位置，再在地面上做出标志。

(六) GPS RTK 法测设点的平面位置

RTK(Real Time Kinematic)技术是把载波相位测量与数据传输技术相结合的以载波相位测量为依据的实时差分 GPS 测量技术，是 GPS 测量技术发展里程中的一个标志，是一种高校的定位技术。它是利用 2 台以上 GPS 接收机同时接收卫星信号，其中一台安置在已知坐标点上作为基准站，另一台用来测定未知点的坐标——移动站，基准站根据该点的准确坐标求出其到卫星的距离改正数并将这一改正数发给移动站，移动站根据这一改正数来改正其定位结果，从而大大提高定位精度。它能够实时地提供测站点指定坐标系的三维定位结果，并达到厘米级精度。

具体测设步骤如下：

(1) 启动基准站。将基准站架设在上空开阔、没有强电磁干扰、多路径误差影响小的控制点上，正确连接好各仪器电缆，打开各仪器。将基准站设置为动态测量模式。

(2) 建立新工程，定义坐标系统。新建一个工程，即新建一个文件夹，并在这个文件夹里设置好测量参数(如椭球参数、投影参数等)。这个文件夹中包括许多小文件，它们分别是测量的成果文件和各种参数设置文件，如*.dat、*.cot、*.rtk、*.ini 等。

(3) 点校正。CPS 测量的为 WGS84 系坐标，而我们通常需要的是在流动站上实时显示国家坐标系或地方独立坐标系下的坐标，这需要进行坐标系之间的转换，即点校正。

点校正可以通过两种方式进行。

① 在已知转换参数的情况下。如果有当地坐标系统与 WGS84 坐标系统的转换七参数，则可以在 GPS 手簿中直接输入，建立坐标转换关系。如果以上操作是在国家大地坐标系统下进行，而且知道椭球参数和投影方式以及基准点坐标，则可以直接定义坐标系统，建议在 RTK 测量中最好加入 1～2 个点校正，避免投影变形过大，提高数据可靠性。

② 在不知道转换参数的情况下。如果在局域坐标系统中工作或任何坐标系统进行测量和放样工作，可以直接采用点校正方式建立坐标转换方式，平面至少 3 个点，如果进行高程拟合则至少要有 4 个水准点参与点校正。

(4) 流动站开始放样测量。在进行放样之前，根据需要"键入"放样的点、直线、曲线、DTM 道路等各项放样数据。当初始化完成后，在主菜单上选择"测量"图标打开，测量方式选择"RTK"，再选择"放样"选项，即可进行放样测量作业。

在作业时，在手簿控制器上显示箭头及目前位置到放样点的方位和水平距离，观测值只需根据箭头的指示放样。当流动站距离放样点距离小于设定值时，手簿上显示同心圆和十字丝分别表示放样点位置和天线中心位置。当流动站天线整平后，十字丝与同心圆圆心重合时，这时可以按"测量"键对该放样点进行实测，并保存观测值。

第4章 公路工程施工前准备工作

4.1 概 述

公路工程施工测量就是利用先进的测量仪器,选择一定的施测方法,依据交通部颁发的有关公路施工技术规范和经过批准的公路施工设计文件、图纸,严格按照设计要求将图纸上设计好的公路线形相关点位的三维坐标准确无误地测设到实地,以便指导施工作业。

公路施工测量是保证施工质量的一个重要环节。在实际工作中,必须严格遵守相关规范、规程的要求。对观测数据要严格把关,不合格的成果必须要返工重测,树立质量第一的意识。

施工测量贯穿于公路工程施工的始终,从公路导线、水准联测、中边桩放样、桥涵隧等公路附属结构物的定位,都需要进行施工测量。只有这样才能保证放样到实地的工程结构物的各部分尺寸、位置和高程满足设计要求。有些大型建筑物在施工和建成后,还要定期进行变形观测,以保证工程安全施工,同时积累相关变形数据,为以后公路工程设计与施工提供资料。

公路工程施工测量的一大特点是在施工的进展过程中,测量工作反复进行,对不同的阶段和不同的对象,施工测量的精度要求和测设方法都不尽相同。

为了确保工程施工测量质量,测量作业应尽量使用高精度的测量仪器,配备素质高、责任心强、团队意识强的测量技术人员,在施工前必须对公路控制点进行复测,在施工过程中还要定期检查。

4.2 准 备 工 作

为了确保施工测量的质量,按照业主和设计单位的要求,施工单位进场后,要组织相关的专业技术人员对施工图纸进行全面详尽的复查工作,此项工作成为图纸复审。

针对测量专业来说,施工所设计的图纸主要包括:线路总平面图(图4-1)、纵断面图(图4-2)、横断面图(图4-3)、路基设计表(图4-4)、直线曲线转角表(图4-5)、控制点成果表(图4-6)、中线逐桩坐标表(图4-7)、等。对于这些图纸,首先要结合设计文件和图纸说明,看懂图纸。仔细审核其中的相关数据,确保相关数据之间准确无误。如在图纸审核过程中,发现图纸确有问题,则应该形成正规的红头文件,按照图纸审核程序,逐级上报至设计单位,待设计单位重新复合,加以更正后,方可作为最终的施工依据。

然后,进行现场踏勘,根据控制点的实地分布情况,确定复测路线,按照设计要求,结合本单位拥有的测量仪器情况,选择测量技术人员,最后制定复测与加密方案。

图 4-1 线路总平面图

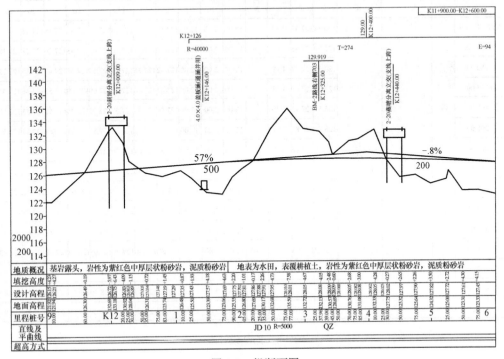

图 4-2 纵断面图

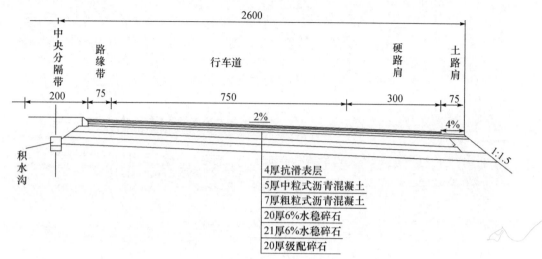

图 4-3 路面结构横断面图

路基设计表

桩号	平曲线	变坡点高程桩号及纵坡坡度、坡长	竖曲线	地面标高	设计高	填挖高度 (m)		路基宽 (m)			路基边缘(A点)、硬路肩外边缘(B点)、行车道外边缘(C点)、中央分隔带边缘(D点)设计高							
						填	挖	左路幅	中央分隔带	右路幅	左路幅				右路幅			
											A	B	C	D	D	C	B	A
1	2	3	4	5	6	7	8	9	10	11	12	13	14	15	16	17	18	19
K12.+110.00				126.38	127.35	0.87		12.00	2.00	12.00	127.10	127.13	127.18	127.35	127.35	127.18	127.13	127.10
+125.00				125.50	127.43	1.93		12.00	2.00	12.00	127.18	127.21	127.26	127.43	127.43	127.26	127.21	127.18
+150.00				123.39	127.57	4.18		12.00	2.00	12.00	127.32	127.35	127.40	127.57	127.57	127.40	127.35	127.32
+175.00				123.06	127.69	4.63		12.00	2.00	12.00	127.43	127.46	127.53	127.69	127.69	127.53	127.46	127.43
+190.00				125.55	127.75	2.20		12.00	2.00	12.00	127.50	127.53	127.58	127.75	127.75	127.58	127.53	127.50
+205.00				128.80	127.81	1.01		12.00	2.00	12.00	127.56	127.58	127.64	127.81	127.81	127.64	127.58	127.56
+220.00			+126 凸 R-40000 T-274 E-94	125.69	127.86	0.17		12.00	2.00	12.00	127.61	127.64	127.70	127.86	127.86	127.70	127.64	127.61
+235.00				130.17	127.91		2.26	12.00	2.00	12.00	127.65	127.68	127.75	127.91	127.91	127.75	127.68	127.65
+250.00				132.68	127.95		4.73	12.00	2.00	12.00	127.70	127.72	127.79	127.95	127.95	127.79	127.72	127.70
+277.00				135.59	128.01		7.58	12.00	2.00	12.00	127.75	127.75	127.85	128.01	128.01	127.85	127.75	127.75
+300.00				132.72	128.05		4.67	12.00	2.00	12.00	127.79	127.82	127.89	128.06	128.05	127.89	127.82	127.79
+135.00				132.13	128.08		4.05	12.00	2.00	12.00	127.82	127.86	127.92	128.08	128.08	127.92	127.86	127.82
+339.00				130.57	128.09		2.48	12.00	2.00	12.00	127.83	127.86	127.93	128.09	128.09	127.93	127.86	127.83
+345.00				128.69	128.09	0.60		12.00	2.00	12.00	127.83	127.86	127.93	128.09	128.09	127.93	127.86	127.83
+370.00				130.76	128.08		2.68	12.00	2.00	12.00	127.82	127.86	127.92	128.08	128.08	127.92	127.86	127.83

图 4-4 路基设计表

直线曲线及转角度

交点位置	交点间距(m)	计算方位角(°'")	曲线间直线长(m)	转角(°'")	曲线要素值(m)						曲线主点位置			
					切线长度 T1 T2	半径 R1 Ry R2	回旋线参数 A1 A2	曲线长度 LS1 Ly LS2	曲线总长	外距	第一回旋线起点	第一回旋线终点 或 圆曲线起点	圆曲线中点	圆曲线终点 或 第二回旋线起点
9	桩 K10+526.912 N 2957864.0000 E 501026.0000			右23 37 48.34	1054.613 1054.613	5041.533		2079.244	2079.244	109.124	桩 N E	桩 K9+472.299 N 2858344.1342 E 5019641.9780	桩 K10+511.921 N 2857969.2724 E 500997.2653	桩 K11+551.543 N 2857800.4948 E 499973.3008
10	桩 K10+340.275 N 2857753.0000 E 499186.0000	1843.345	266 32 51.91	230.001	左12 45 8.15	558.731 558.731	5000.000		1112.845	1112.845	31.121	桩 N E	桩 K11+781.544 N 2857786.6449 E 499743.7170	桩 K12+337.967 N 2857722.3356 E 499191.3123	桩 K12+894.389 N 2857597.0768 E 498649.4665
11	桩 K14+887.020 N 2857041.0000 E 496736.0000	2551.361	253 47 43.76	778.402	左32 59 37.16	1214.228 1214.228	4100.000		2360.976	2360.976	176.020	桩 N E	桩 K13+672.791 N 2857379.8507 E 497901.9892	桩 K14+853.279 N 2856892.8791 E 496831.0968	桩 K16+033.768 N 2856121.8605 E 495942.5687
0	桩 K16+307.041 N 2855915.0000 E 495764.0000	1487.501	220 48 6.60	273.273								桩 N E	桩 N E	桩 N E	桩 N E

图 4-5 直线曲线转角表

导线点成果表

点名	坐标 X	坐标 Y	方位角	边长	高程	备注
GD01	2861422.809	510321.910				GPS点
GD02	2861590.710	510120.102	309 45 36	262.521		GPS点
D03	2861703.676	509521.525	280 41 15	609.144		
D04	2861356.200	509040.040	234 10 59	593.774		
D05	2861188.827	508391.887	255 31 15	669.414		
D06	2860746.878	508077.218	215 27 04	542.528		
D07	2860776.276	507775.617	275 34 02	303.030		
GD08	2860319.216	507197.693	231 39 39	736.818		GPS点
GD09	2860250.547	506571.345	263 44 36	630.100		
D10	2860058.195	506284.952	234 45 24	350.666		
D11	2859772.401	505759.020	242 19 41	293.858		
D12	2859908.444	505301.785	286 34 10	477.044		
D13	2859608.619	505118.880	211 23 05	351.211		
D14	2859615.89	504923.227	271 53 39	195.760		
GD15	2859471.384	504378.545	255 13 13	563.320		GPS点
GD16	2859280.496	503787.799	252 05 34	620.821		GPS点
D17	2859025.297	503374.389	238 18 46	485.833		
DF7-12	2858875.457	503178.792	232 32 44	246.394		
DF7-11	2858790.320	502740.280	259 00 46	466.700		
DF7-10	2858395.143	502203.207	233 39 16	666.792		
GD18	2858146.414	501762.894	240 32 18	505.709		GPS点

水准点高程成果表

序号	水准点编号	水准点所在地	相对路线位置	高程(m)
1	BMH7-11	杨坑村曾令桂家屋角处刻度连接线成果资料	线外	130.094
2	BM-16	杨坑村横坑小组朱长兵朱长征家门口刻	K0+610 左侧 170m	136.726
3	BM-15	杨坑村豆腐窝横坑小组朱长兵朱运窝家门口刻	K0+500 左侧 100m	142.896
4	BM-14	杨坑村靠椅形小组江崇贵家门口的压水井旁刻	K1+325 左侧 90m	133.387

图 4-6 控制点成果表

逐桩坐标表

表2-5

桩号	坐标(m) X	坐标(m) Y	方向角	桩号	坐标(m) X	坐标(m) Y	方向角
K11+750.00	2857788.545	499775.204	266°32′51.9″	K12+385.00	2857714.091	499145.008	259°37′57.6″
+775.00	2857787.040	499750.249	266°32′51.9″	+410.00	2857708.530	499120.427	259°20′46.2″
+795.00	2857785.817	499730.287	266°23′36.8″	+430.00	2857705.793	499100.779	259°07′01.2″
+824.00	2857783.909	499701.349	266°03′40.5″	+450.00	2857701.978	499081.147	258°53′16.1″
+830.00	2857783.494	499695.364	265°59′33.0″	+475.00	2857697.098	499056.627	258°36′04.8″
+845.00	2857782.423	499680.402	265°49′14.2″	+500.00	2857692.096	499032.133	258°18′53.5″
+870.00	2857780.538	499655.473	265°32′02.8″	+525.00	2857686.971	49907.646	258°01′42.2″
+890.00	2857778.941	499635.537	265°18′17.8″	+528.00	2857686.349	499004.729	258°59′38.4″
+910.00	2857777.265	499615.608	265°04′32.7″	+550.00	2857681.725	498983.221	257°44′30.8″
+960.00	2857772.723	499565.815	264°30′10.1″	+575.00	2857676.356	498958.804	257°27′19.5″
K12+000.00	2857768.732	499526.014	264°02′40.0″	+620.00	2857666.384	498914.923	256°56′23.1″
+005.00	2857768.211	499521.041	263°59′13.7″	+650.00	2857659.517	498885.719	256°35′45.5″
+020.00	2857766.617	499506.126	263°48′54.9″	+675.00	2857653.661	498861.415	256°18′34.2″
+030.00	2857765.530	499496.186	263°42′02.4″	+693.00	2857649.370	498843.934	256°06′11.7″
+055.00	2857762.725	499471.343	263°24′51.0″	+725.00	2857641.585	498812.896	255°44′11.6″
+083.00	2857759.436	499443.537	263°05′36.0″	+745.00	2857635.618	498793.522	255°30′26.5″
+110.00	2857756.117	499416.742	262°47′02.1″	+775.00	2857629.024	498764.499	255°09′48.9″
+125.00	2857754.221	499401.684	262°36′43.3″	+800.00	2857622.562	498740.349	254°52′37.6″
+150.00	2857750.934	499377.080	262°19′32.0″	+825.00	2857615.979	498716.231	254°35′26.3″
+175.00	2857747.533	499352.312	262°02′20.7″	850.00	2857609.276	498692.146	254°18′14.9″
+190.00	2857745.433	499337.460	261°52′01.9″	+875.00	2857602.563	498668.096	264°01′03.6″
+205.00	2857743.389	499322.614	261°41′43.1″	+900.00	2857595.511	498644.078	253°47′43.8″
+220.00	2857741.100	499307.774	261°31′24.3″	+925.00	2857588.535	498620.071	253°47′43.8″
+235.00	2857738.867	499292.941	261°21′05.5″	+950.00	2857581.558	498596.065	253°47′43.8″
+250.00	2857736.589	499278.115	261°10′46.7″	+975.00	2857574.581	498572.058	253°47′43.8″
+277.00	2857732.377	499251.446	260°52′12.9″	K13+000.00	2857567.605	498548.051	253°47′43.8″
+300.00	2857728.675	499.228.746	260°36′24.1″	+025.00	2857560.628	498524.044	253°47′43.8″
+325.00	2857724.533	499204.091	260°19′12.7″	+050.00	2857553.651	498500.037	253°47′43.8″
+339.00	2857722.160	499190.294	260°09′35.2″	+075.00	2857546.675	498476.031	253°47′43.8″
+345.00	2857721.131	499184.383	260°05′27.7″	+100.00	2857539.698	498452.024	253°47′43.8″
+370.00	285716.767	499159.767	259°48′16.4″	+125.00	285732.721	498428.017	253°47′43.8″

图 4-7 中线逐桩坐标表

4.3 控制点的复测与加密

大家知道，公路施工测量的主要工作就是施工放样，而施工放样所采用的控制点则是线路定测时所设置的平面与高程控制点。设计单位将设计好的施工图纸交付给施工单位，同时将控制线路三维位置的平面与高程控制桩橛在实地的位置也移交给施工单位，此项工作称为交桩。由于这些交付给施工单位的控制点是线路定测时所设置的，而从定测到交桩所用的时间一般均在一年左右，因此这些控制点的位置可能会发生变化。

为了保证施工测量的精度，施工单位在施工前，必须检查所移交桩点的可靠性，此项工作称为施工前的控制点复测，包括导线控制点和路线控制桩的复测。另外，由于人为或其他原因，导线控制点和路线控制桩或丢失，或遭到破坏，要对其进行补测；有的导线点在路基范围以内，需将其移至路基范围以外。同时，为了确保线路平面与高程位置的放样精度，应根据施工标段的具体情况进行加密平面和高程控制点。

控制点复测的目的是检查设计院交付的控制点成果的正确性,因此当控制点的复测成果与设计成果的差值在规范允许范围内时,一律采用设计成果。对于复测超限的桩点,必须在认真检查仪器设备,观测方法及平差计算等环节无误的情况下,进行多次复测,确认定测桩点有误或精度不满足规范要求时,需向监理与设计单位递交正式复测报告文件,说明情况,要求设计单位进行复测。最终施工单位必须采用经设计、监理单位批准的控制点成果进行施工放样。

4.3.1 交接桩

施工单位在进驻施工现场后,首要的工作就是会同业主、设计单位进行线路控制点的实地交接桩。目前,高等级公路、一级公路的线路控制桩采用布设导线的方法控制线路中线。采用导线法进行线路控制时,交接的主要控制桩有导线控制点和水准控制点。为了准确和相邻标段进行贯通测量,在交接桩时应向相邻标段延伸2个导线点和1个水准点。

4.3.2 复测的技术要求

由于全站仪和 GPS 定位技术在工程测量中的应用越来越广泛,因此,相应的导线测量和 GPS 测量也成为目前公路工程测量所采用的主要形式。公路线路复测一般应以《公路勘测规范》中相应的要求为准进行作业。复测时应按表 4-1 中相应导线测量的技术标准进行作业。

表 4-1 各级导线测量的主要技术要求

等级	导线长度 /km	平均边长 /km	测角中误差 /″	测距中误差 /mm	测距相对中误差	测回数 DJ$_2$	测回数 DJ$_6$	方位角闭合差	相对闭合差
一	4.0	0.5	5	15	≤1/30000	2	4	$10\sqrt{n}$	≤1/15000
二	2.4	0.25	8	15	≤1/14000	1	3	$16\sqrt{n}$	≤1/10000
三	1.2	0.1	12	15	≤1/7000	1	2	$24\sqrt{n}$	≤1/5000

水准点高程复测与水准测量方法一样,高速公路和一级公路的水准点闭合差按四等水准测量精度要求限差控制,二级以下公路水准点闭合差按五等水准测量限差控制。各等级水准测量技术要求见表 4-2。

表 4-2 水准测量的主要技术要求

等级	每公里高差全中误差/mm	路线长度/km	水准仪型号	水准尺	观测次数 与已知点联测	观测次数 附合或环线	往返较差、附合或环线闭合差 平地/mm	往返较差、附合或环线闭合差 山地/mm
二	±2	—	DS$_1$	铟钢	往返各1次	往返各1次	$±4\sqrt{L}$	—
三	±6	≤50	DS$_1$	铟钢	往返各1次	往1次	$±12\sqrt{L}$	$±4\sqrt{n}$
三	±6	≤50	DS$_3$	双面	往返各1次	往返各1次	$±12\sqrt{L}$	$±4\sqrt{n}$
四	±10	≤16	DS$_3$	双面	往返各1次	往1次	$±20\sqrt{L}$	$±6\sqrt{n}$
五	±15	—	DS$_3$	双面	往返各1次	往1次	$±30\sqrt{L}$	—

《公路勘测规范》规定，在进行水准测量时确有困难的山岭地带以及沼泽、水网地区，可用光电测距三角高程测量的方法来代替四、五等水准测量。光电测距三角高程测量的视距长度不得大于 1km，垂直角不得超过 15°，高程导线的长度不应超过相应等级水准测量路线的最大长度。光电三角高程测量技术要求见表 4-3。

表 4-3　光电三角高程测量主要技术要求

等级	仪器	竖直角测回数		指标差较差/″	竖直角较差/″	对向观测高差较差/mm	附合或环线闭合差/mm
		三丝法	中丝法				
四等	DJ_2	—	3	≤7	≤7	$±40\sqrt{D}$	$±20\sqrt{D}$
五等	DJ_6	1	2	≤10	≤10	$±60\sqrt{D}$	$±30\sqrt{D}$

注：D 为光电测距边长度(km)

4.3.3　复测外业与内业

复测控制点就是按照复测的精度要求，对设计单位所交的桩点逐点复测，主要工作包括：复测导线控制点的水平距离和水平角度以及高程控制点间的高差。

复测导线可采用附合导线测量的方法进行，如图 4-8 所示，将本标段移交的导线点坐标表中相邻点进行坐标反算，求转折角 $β_i$ 和导线边长 D_i；实测水平角度和水平距离；检查复测导线角度与设计角度之差是否不大于相应等级导线测角中误差的 $2\sqrt{2}$ 倍，距离精度应满足全长相对闭合差的要求。

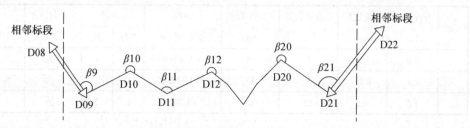

图 4-8　导线复测示意图

另外，衡量导线是否满足精度要求的最重要指标是导线方位角闭合差以及导线全长相对闭合差是否满足精度要求。衡量水准点高程是否满足精度要求的标准是复测相邻水准点间的高差与设计高差之差满足相应等级水准测量闭合差限差的要求。

4.3.4　复测结束应提交的资料

(1) 复测说明。内容包括测区范围、控制桩点交桩情况、技术标准、施测情况、有关问题的处理方法、复测精度分析、复测结论等。
(2) 复测导线、水准路线示意图。
(3) 导线点复测角度与设计角度比较表。
(4) 导线点复测距离与设计距离比较表。
(5) 水准点复测高差与设计高差比较表。
(6) 复测控制点桩点表。

(7) 测量仪器检定证书复印件。

导线复测案例

现以勉县至宁强高速公路第×标段×合同段控制点复测成果上报资料为例，说明导线复测结束应提交的资料。

(一) 复测说明

受×××公司勉宁高速公路第××合同段项目经理部委托，×××公司精测队与项目经理部一起，对勉宁高速公路第××合同段路线进行了开工复测。

在勉宁高速公路第×驻地办的共同参与下，我标段于×年×月×日至×月×日完成了×标段的一级导线和四等水准的复测工作，本次复测内容包括导线复测及高程复测。并与相邻第×合同段联测。其中导线复测以 D162～D161 为起始边、D150～D149 为终边，水准复测由 D161 开始至 D150 结束。现就本次复测工作做如下说明：

1. 外业采集

(1) 测量采用技术标准为《公路勘测规范》(JTJ 061-99)，参考标准为《公路全球定位系统(GPS)测量规范》(JTJ 066-98)及《工程测量规范》(GB50026-93)。导线测量按《公路勘测规范》一级导线技术要求执行；高程测量按四等水准测量的技术要求执行。
导线外业采集采用全站仪；水准外业采集采用水准仪。

(2) 测量仪器：
① 拓普康全站仪，规格型号：Topcon GTS-701；仪器标称精度：测角 2″、测距 2±2ppm。
② 天津欧波自动安平水准仪，规格型号：DS3。

(3) 导线观测中，采用测回法进行角度观测，左角观测 3 测回，距离观测往返各 3 测回(正倒镜各 3 次)。高程复测中，使用 DS3 型水准仪及黑、红双面标尺进行观测，观测中严格执行四等水准测量各项技术要求。

2. 内业处理

导线内业资料处理时按附合导线进行简易平差。导线计算中，以 D162～D161 为起始边、D150～D149 为终边建立附合导线，角度闭合差为 f_β=23.14″ <$f_{\beta 允}$=41.23″，导线全长闭合差为 1/34193<1/15000。满足一级导线精度要求。

高程内业资料按附合水准路线进行简易平差。高程计算以 D161～D150 建立附合水准路线，其闭合差为 24mm<$f_{h允}$＝±36.5mm。满足四等水准精度要求。

3. 其他需说明的问题

复测中，因导线点部分丢失，故设临时转点进行连接导线，由于施工场地的限制及当地百姓拆迁新盖民房的影响，故使得有的导线点之间的距离相差很大，增加了本次复测结果的误差，经复测，本次测量精度满足规范要求，故一监字[2005]第 033 号文件可以继续使用。水准复测中，只有 D151 点的高程变化较大，故应进行调整，其结果为 598.651m，在平面测量时，建议不要使用 D151 导线点。

参加本次复测的人员有：×××、×××……。

通过本次复测，我项目经理部认为：本标段内的导线及高程成果满足规范相关技术要求，可以据以施工。

同时，在今后测量工作中，本项目技术人员应严格执行测量双检制，避免测量事故的发生。

(二) 导线网(点)复测路线示意图(图 4-9)

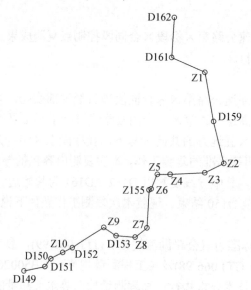

图 4-9 导线网平面示意图

(三) 水平角观测成果表(表 4-4)

表 4-4 水平角观测成果表

施工单位：中铁一局二公司
监理单位： 标段：1

测回 测站	第一测回 β_1 (° ′ ″)	第二测回 β_2 (° ′ ″)	第三测回 β_3 (° ′ ″)	平均值 β (° ′ ″)	差值 $\Delta = \beta \cdot \beta_i$ (″)	$m=([\Delta\Delta]/n)^{1/2}$ (″)	备注
1	108-44-58.5	108-44-59.5	108-45-01	108-44-59.67	1.17 0.17 -1.33	1.0	
2	218-05-52	218-05-40	218-05-45	218-05-45.67	-6.33 5.67 0.67	4.9	
3	122-22-40.5	122-22-44.5	122-22-55	122-22-46.67	6.17 2.17 -8.33	6.1	
4	230-14-50	230-14-47.5	230-14-55.55	230-14-51	1.00 3.50 -4.50	3.3	
5	220-39-58.5	220-40-05	220-39-58	220-40-0.5	2.00 -4.50 2.50	3.2	

(续)

测回 测站	第一测回 β_1(° ′ ″)	第二测回 β_2(° ′ ″)	第三测回 β_3(° ′ ″)	平均值 β(° ′ ″)	差值 $\Delta=\beta\cdot\beta_i$ (″)	$m=([\Delta\Delta]/n)^{1/2}$(″)	备注
6	209-51-14.75	209-51-14	209-51-13	209-51-13.92	−0.83 −0.08 0.92	0.7	
7	114-39-51	114-39-45.5	114-39-45	114-39-47.17	−3.83 1.67 2.17	2.7	
8	186-13-43.5	186-13-49.5	186-13-47.25	186-13-46.75	3.25 −2.75 −0.50	2.5	
9	178-42-41.25	178-42-38	178-42-39.25	178-42-39.5	−1.75 1.50 0.25	1.3	
10	153-01-48.25	153-01-54.5	153-01-49.5	153-01-50.75	2.50 −3.75 1.25	2.7	
11	223-13-7.75	233-13-04	223-13-5.25	223-13-5.67	−2.08 1.67 0.42	1.6	

注:测角中误差 m 值不得超过 ±5″

计算: 复核: 日期:

(四) 水准复测成果表(表4-5)

表4-5 水准复测成果表

施工单位:

监理单位: 标段:

点号	距离/m	设计高差/m	实测高差/m	改正数/m	改正后高差/m	复测高程值/m	设计高程值/m	设计值与复测值之差/m
D161						586.924	586.924	0
	2947.3	5.486	5.469	0.01427	5.48327			
D155						592.407	592.410	3
	743.9	2.05	2.054	0.003892	2.057892			
D153						594.465	594.460	−5
	542.9	3.668	3.6585	0.003243	3.661743			
D152						598.127	598.128	1
	272.9	0.551	0.523	0.001297	0.524297			
D151						598.651	598.679	28
	109.7	3.768	3.7945	0.001297	3.795797			
D150						602.447	602.447	0
Σ	4616.7	15.523	15.499	0.024	15.523			

备注: $f_h=\sum_h\cdot\sum_h=15.523-15.499=0.024\text{m}$ $f=\pm6(n)^{1/2}=\pm6(37)^{1/2}=36.5\text{mm}$

计算: 复核: 日期:

(五) 导线复测成果表(表 4-6)

表 4-6 导线复测成果表

点号	观测角（左角）(°)	改正后的角值 (°)	坐标方位角 (°)	实测边长 (m)	坐标增量计算值/m		改正后的坐标增量/m		计算坐标/m		设计坐标/m		点位误差/cm
					Δx	Δy	Δx	Δy	x	y	x	y	
D162			183.1004722										
D161	110.0455556	110.0451776	113.1456498	391.174	−153.759	359.688	−153.768	359.682	658807.567	513140.388	658807.567	513140.388	
z10	235.7082861	235.7079081	168.8535578	538.701	−528.539	104.140	−528.553	104.132	658383.649	513117.426	658383.649	513117.426	
D159	176.8370833	176.8367053	165.6902631	462.728	−448.371	114.370	−448.383	114.363	658229.881	513477.108			
Z2	258.597825	258.597447	244.28771	231.641	−100.498	−208.705	−100.504	−208.708	657701.328	513581.240	657701.336	513581.208	3.3
Z3	202.6141667	202.6137887	266.9014987	451.322	−24.395	−450.662	−24.406	−450.669	657252.945	513695.603			
Z4	186.5397694	186.5393914	273.4408901	63.964	3.839	−63.849	3.837	−63.850	657152.441	513486.894			
Z5	108.7499083	108.7495303	202.1904203	167.844	−155.412	−63.392	−155.417	−63.395	657128.035	513036.225			
Z6	218.0960194	218.0956414	240.2860617	28.395	−14.075	−24.661	−14.075	−24.662	657131.872	512972.375			
D155	122.3796305	122.3792525	182.6653141	405.567	−405.128	−18.860	−405.138	−18.866	656976.456	512908.981			
Z7	230.2475	230.247122	232.9124361	165.881	−100.032	−132.326	−100.036	−132.328	656962.381	512884.319	656962.430	512884.277	6.4
Z8	220.6668055	220.6664275	273.5788635	214.165	13.369	−213.747	13.363	−213.751	656557.242	512865.453			
D153	209.8538667	209.8534887	303.4323522	157.824	86.953	−131.710	86.950	−131.712	656457.206	512733.125			
Z9	114.6631028	114.6627248	238.095077	410.032	−216.707	−348.087	−216.717	−348.093	656470.569	512519.374	656470.602	512519.359	3.6
D152	186.2296528	186.2292748	244.3243517	121.242	−52.531	−109.271	−52.534	−109.273	656557.519	512387.662			
Z10	178.7109722	178.7105942	243.0349459	149.793	−67.923	−133.508	−67.927	−133.510	656340.802	512039.569	656340.819	512039.556	2.1
D151	153.0307639	153.0303859	216.0653317	108.737	−87.897	−64.014	−87.900	−64.016	656288.268	511930.296			
D150	223.2182407	223.2178627	259.2831944						656220.341	511796.786	656220.273	511796.736	8.4
D149									656132.441	511732.770	656132.441	511732.770	
Σ	3136.189149		Σ	4069.010	−2251.106	−1384.594			656088.419	511500.164	656088.419	511500.164	
	$f_β$=23.14"<[$f_β$]=41.23"				2251.208	1384.656							
	满足规范要求				f_x=0.102m f_y=−0.062m								
					$k=\dfrac{1}{34193}<[k]=\dfrac{1}{15000}$ $f=0.119$m								
					满足规范要求								

(六) 测绘资质证书复印件(图 4-10)

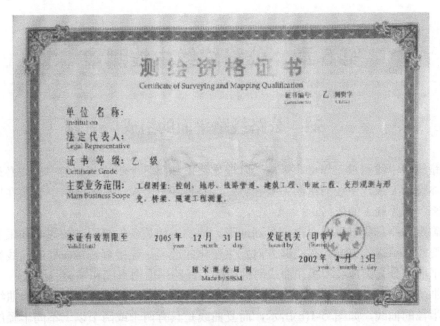

图 4-10　测绘资质证书复印件

第 5 章 公路路线中线测量

5.1 公路线路平面的组成

公路线路中线测量工作贯穿于施工阶段始终，线路各个组成部分的中心线必须符合线路总体设计要求。中线测量的主要任务，就是把图纸上设计好的线路中心线在地面上标定出来，作为施工的依据。

在确定公路形状过程中，由于受到地形、地物、地质条件等因素的影响和限制，经常要改变线路前进的方向。在线路方向发生变化的地段，连接直线转向处的曲线称为平曲线，平曲线分为圆曲线和缓和曲线两种类型。线路平面由直线和平曲线组成。

圆曲线是具有一定曲率半径的圆弧，它分为单曲线和复曲线两种。其中单曲线是具有单一半径的曲线，如图 5-1(b)所示，而复曲线是具有两个或两个以上不同半径的同向曲线直接连接而成，如图 5-1(c)所示。

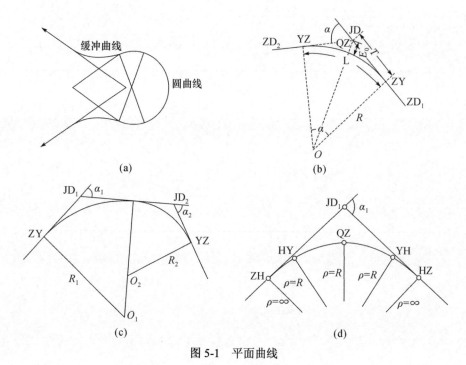

图 5-1 平面曲线

(a) 回头曲线；(b) 单曲线；(c) 复曲线；(d) 缓和曲线。

缓和曲线是为连接直线与圆曲线而设置的一段过渡曲线，其曲率半径由直线的曲率半径无穷大逐渐变化至圆曲线的曲率半径 R，如图 5-1(d)所示。在此曲线上任意一点的曲率半径与曲线长度成反比，曲线上任意一点的曲率半径与曲线长度乘积为常数 C，称为曲线半径变更率 ρ。缓和曲线可以采用双扭线、三次抛物线、回旋线等线型。我国采用圆曲线。

当线路转向角 α 大于 180°时，它的交点不存在，只能按相反方向作延长线在后方相交成虚交点，这样的曲线称回头曲线。如图 5-1(a)所示。

5.2 圆曲线的测设

(一) 圆曲线要素及其计算

如图 5-2 所示，线路从直线方向转向直线方向 JD-ZD$_2$ 的时候，中间必须经过一段半径为 R 的圆曲线，这段圆曲线的起点和终点分别称为直圆(ZY)点和圆直(YZ)点，而圆曲线的中点称为曲中(QZ)点。这三点对圆曲线的位置起着控制作用，称为圆曲线的主点。线路在交点(JD)处的转向角 α、切线长 T、曲线长 L、外矢距 E、圆曲线的半径 R，以及切曲差 q，称为圆曲线的元素。其中，线路的转向角 α 是线路设计时选定的，并以线路前进方向为准，分为左偏和右偏，分别用 $\alpha_左$ 和 $\alpha_右$ 来表示。圆曲线的半径 R 是根据实地情况和线路的等级由设计人员决定的。

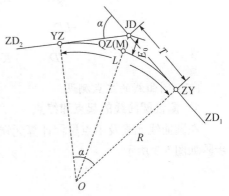

$T=R×\tan \alpha /2$
$L=\pi \alpha R/180°$
$E=R(\sec \alpha /2-1)$
$q=2T-L$

图 5-2 圆曲线的主点及要素

【例 5.1】 已知 $\alpha = 32°19'26''$，$R=500\text{m}$，求圆曲线要素 T、L、E 和 q 的值。

解：由公式得

$T=R\tan \alpha /2=500×\tan 32°19'26''/2=143.91\text{m}$
$L =\pi R \alpha /180°=3.1416×500×32°19'26''/180°=282.08\text{m}$
$E =R(\sec \alpha /2-1)=500 ×(\sec 32°19'26''/2 -1)=20.57\text{m}$
$q=2T-L=5.74\text{m}$

(二) 圆曲线主点里程的计算

在圆曲线主点放样之前，必须将其里程(即路线中线上任一点至线路起点的里程数，也称为该点的桩号)计算出来，计算方法如下：直圆点里程等于交点里程减去切线长，圆直点里程等于直圆点里程加上圆曲线长，曲中点里程等于圆直点里程减去曲线长的一半，即

$$K_{ZY} = K_{JD} - T$$
$$K_{YZ} = K_{ZY} + L$$
$$K_{QZ} = K_{YZ} - L/2$$

曲线中点的里程用 $K_{JD} = K_{QZ} + q/2$ 校核。

【例5.2】 设交点JD里程为K_2+938.23(单位：m)，圆曲线元素T=143.91m，L=282.08m，E=20.57m，q=5.74m，求曲线主点里程。

解：

	JD 里程	K_2+938.23
	$-T$	-143.91
	ZY	K_2+794.32
	$+L$	+282.08
	YZ	K_3+076.40
	$-L/2$	-141.04
	QZ	K_2+935.36
	$+L/2$	+2.87
	JD	K_2+938.23　　(校核)

(三) 圆曲线的主点测设

1. 测设圆曲线的起点和终点

在圆曲线元素及主点里程计算无误后，即可进行主点测设，如图 5-3 所示，其测设步骤如图 5-3 所示。

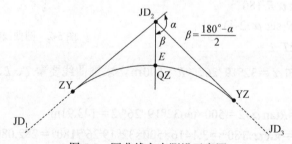

图 5-3　圆曲线主点测设示意图

在 JD_2 上安置经纬仪，后视中线方向的相邻交点 JD_1、JD_3，顺次定出距离丈量的两直线方向，然后从 JD_2 出发，沿着确定的直线方向量取切线长度 T，插上测钎。再用钢尺丈量钢钎点与最近的直线桩点距离，如果二者的水平长度之差在允许的范围之内，则在测钎处打下 ZY 桩和 YZ 桩。如果误差超出允许的范围，要找出原因，并且加以改正，否则重新测量。

2. 测设圆曲线的曲中点

保持经纬仪的位置不动，转动望远镜，瞄准测定路线转角时所测定的分角线方向(曲线中点的方向)，该直线上丈量外矢距 E，得到曲线的中点。同样按照以上方法丈量与相邻桩点距离进行校核，如果误差在允许的范围之内，则在测钎处打下 QZ 桩。

(四) 圆曲线的详细放样

当地形变化不大，曲线长度小于 40m 时，测设曲线的 3 个主点已经能够满足设计和施工的要求。当地形变化较大或曲线较长时，除了测设 3 个主点外，还要在圆曲线上每隔一定距离标定百米桩和其他加桩，以详细表示圆曲线在地面上的位置。曲线上各桩间距的大小取决于曲线的半径和工程的性质。在一般情况下，曲线半径小，桩间距就小。通常，曲线半径 R 在 300m 以上时，曲线上每隔 20m 定一个加桩；曲线半径在 200m 以下时，曲线上每隔 10m 定一个加桩，我们把此工作称为圆曲线的详细放样。

圆曲线详细放样的方法有极坐标法、切线支距法、自由设站法以及偏角法等。

1. 偏角法

偏角法实质上是方向距离交会法。偏角是弦线和切线的夹角。如图 5-4 所示，以曲线的起点(或者其他点)为坐标原点，以该点的切线为 x 轴，如 JD 点，拨出测角 δ_i，再自 $i-1$ 点以规定的长度 c 与 ZY 点拨出的视线方向相交得出 i 点。根据圆曲线半径 R 和弧长 L，可以计算偏角 δ_i

$$\delta_i = i \cdot \frac{\varphi}{2} = i \cdot \frac{c}{2R} \cdot \frac{180°}{\pi} = i\delta \quad (i=1,2,\cdots,n)$$

2. 切线支距法(直角坐标法)

1) 测设原理

如图 5-5 所示，切线支距法是以圆曲线的起点 ZY 或终点 YZ 为坐标原点，以切线 T 为 x 轴，以通过原点的半径为 y 轴，建立独立坐标系，用圆曲线上特定点在直角坐标系中的坐标(x_i, y_i)来对应细部点 p_i。

$$\begin{cases} x_i = R\sin\alpha_i \\ y_i = R - R\cos\alpha_i \\ \quad = R(1-\cos\alpha_i) \quad (i=1,2,\cdots,n) \\ \alpha_i = \frac{L_i}{R} \cdot \frac{180°}{\pi} \end{cases}$$

式中：R 为圆曲线半径；l_i 为曲线点 i 至 ZY(或 YZ)的曲线长，一般定为 10m，20m，30m…，即每 10m 一桩。根据 R 及 l_i 值，即可计算相应的 x_i、y_i 值。

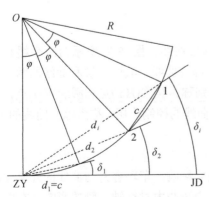

图 5-4 偏角法测设圆曲线

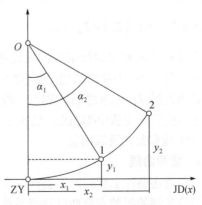

图 5-5 切线支距法放样圆曲线

【例 5.3】 如图 5-5 所示，现有一圆曲线，半径 $R=600\text{m}$，要距 ZY 点每隔 10m 设置一桩，请按切线支距法计算 10m、20m、30m、40m 桩的测设元素 x_i 和 y_i。

解：计算结果见表 5-1。

表 5-1　计算结果

l_i/m	x_i/m	y_i/m
10	10.0	0.08
20	20.0	0.33
30	29.99	0.75
40	39.97	1.33

2）测设方法

如图 5-6 所示，测设时，先在地面上用钢尺从曲线的起点 ZY 沿切线方向量取 x_1、x_2、x_3 等距离，并在各点上插上测钎，然后在各点上测出切线的垂线，并分别量出 y_1、y_2、y_3 等距离，便可定出 1、2、3 等各点的位置。

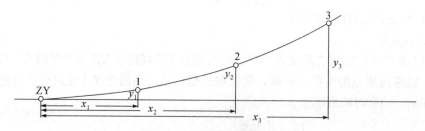

图 5-6　切线支距法测设方法

测设时先从曲线的起点 ZY 开始到曲线中点，然后再由曲线终点 YZ 开始用同样的方法测设到曲线中点，定出各点的位置。

切线支距法适用于曲线半径小或地势较平坦易于丈量的地区，计算比较简便，在测设各点时都是独立进行的，所以各测点之间的误差不易累积，但是对通视要求较高，在量距范围内应该没有障碍物，如果地面起伏较大或者各个测设主点之间的距离过长，会对测距带来较大的影响。如果用全站仪或者测距仪可以避免。

5.2.1　综合曲线的测设

由缓和曲线和圆曲线组成的曲线通常称为综合曲线。图 5-7 所示为两个缓和曲线(ZH-HY 和 YH-HZ)和圆曲线(HY-QZ-YH)组成的综合曲线。其中，缓和曲线的两个起点分别称为直缓(ZH)点和缓直(HZ)点，两个终点分别称为缓圆(HY)点和圆缓(YH)点，圆曲线的中点仍然称为曲中(QZ)点，这 5 个点起着对曲线的控制作用，称为综合曲线的主点。

(一) 缓和曲线及其测设

1. 缓和曲线

当车辆在曲线上行驶时，会产生离心力，受此影响，车辆容易向曲线的外侧倾倒，直接影响车辆的行驶安全性以及舒适性。为了减少离心力对行驶车辆的影响，在曲线段部分的路面外侧必须加高，称为超高。此外，由于车辆的构造要求需进行内轨加宽。外

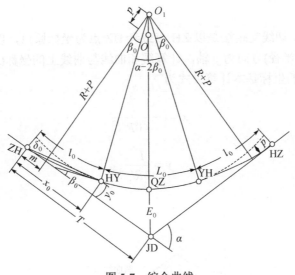

图 5-7 综合曲线

轨超高、内轨加宽都需逐渐完成。在曲线段如果超高为 h，而在直线段的超高为 0，这样需要在直线段与圆曲线之间插入一段曲率半径 ρ 由 ∞ 逐渐过渡到圆曲线曲率半径 R 的曲线，能使其超高从 0 逐渐变为 h，在此曲线上任一点 p 的曲率半径 ρ 与曲线的长度 l 成反比。这样的曲线称为缓和曲线。用公式表示为

$$\rho \propto \frac{1}{l} \text{ 或 } \rho l = C$$

式中，C 为常数，表示缓和曲线曲率半径 ρ 的变化率，称为曲线半径变更率，与行车速度有关系。当 $l = l_0$ 时，$\rho = R$，按 $\rho l = C$，应有

$$C = \rho \cdot l = R \cdot l_0$$

如图 5-7 所示，β_0 为缓和曲线的切线角，即 HY(或 YH)的切线与 ZH(或 HZ)的切线的交角；δ_0 为缓和曲线总偏角，即从 ZH 测设 HY 或从 HZ 测设 YH 的偏角；m 为切垂距，即 ZH(或 HZ)至自圆心 O_1 向 ZH 点或 HZ 点的切线做垂线垂足的距离；p 为圆曲线的移动量，即垂线长与圆曲线半径 R 之差。这些要素的计算公式为

$$\beta_0 = \frac{l_0}{2R} \cdot \frac{180°}{\pi}$$

$$p = \frac{l_0^2}{24R}$$

$$m = \frac{l_0}{2} - \frac{l_0^3}{240R^2}$$

$$\delta_0 = \frac{\beta_0}{3} = \frac{l_0}{6R} \cdot \frac{180°}{\pi}$$

2. 缓和曲线的放样

1) 切线支距法

如图 5-8 所示，切线支距法是以 ZH 点或者 HZ 点为坐标原点，以过该点的切线为 x 轴，过该点的法线(半径)方向为 y 轴，计算缓和曲线与曲线上的坐标 (x, y)，然后测设曲线。缓和曲线各点的坐标基本计算公式为

$$x = l - \frac{l^5}{40R^2 l_s^2}$$

$$y = \frac{l^3}{6R l_s}$$

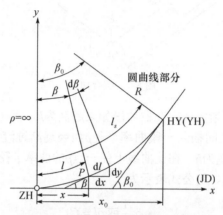

图 5-8 切线支距法放样缓和曲线

当 $l=10$ 时，上式变为

$$\begin{cases} x_0 = l_0 - \dfrac{l_0^3}{40R^2} \\ y_0 = \dfrac{l_0^2}{6R} \end{cases}$$

圆曲线上各点的坐标计算公式为

$$\begin{cases} x = R\sin\varphi + m \\ y = R(1-\cos\varphi) + p \\ \varphi = \dfrac{l-l_0}{R} \times \dfrac{180°}{\pi} + \beta_0 \end{cases}$$

式中，ϕ 为圆曲线上某点的切线与综合曲线切线的夹角。特别注意的是，式中的 l 为该点到 HY 或 YH 点的曲线长，仅限圆曲线部分的长度。

在计算出曲线上各点的坐标，将各桩点设置完毕后，应进一步量测相邻桩间的距离，与相应的桩号之差做比较，并考虑弦弧差的影响，若较差均在限差之内，则曲线测设合格，否则要查明原因，并进行纠正。

2) 偏角法

对于缓和曲线上的各点，可将经纬仪安置于缓和曲线的 ZH 或(HZ)点上进行测设，

可以用切线支距法计算得到的参数进行换算。如图 5-9 所示，曲线上任意点 P 的坐标为 (x, y)，按下式计算 P 点的参数

$$c = \sqrt{x^2 + y^2}$$

$$\delta_P = \arctan \frac{y}{x}$$

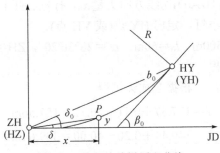

图 5-9 偏角法放样缓和曲线

曲线段上各点的测设，应将仪器安置在 HY 或 YH 点上进行，定出 HY 或 YH 点的切线方向，就可以按圆曲线的测设方法进行。

(二) 综合曲线的主点放样

1. 综合曲线要素计算

综合曲线的要素如下：切线长 T，曲线长 L(包括圆曲线长 l 及两倍缓和曲线长 $2l_0$)，外矢距 E，切曲差 q。

从图 5-7 的几何关系可得 T，L，E，q 的计算公式：

$$T = (R + p) \cdot \tan \frac{\alpha}{2} + m$$

$$L = L_0 + 2l_0 = R(\alpha - 2\beta_0)\frac{\pi}{180°} + 2l_0$$

$$E = (R + p)\sec \frac{\alpha}{2} - R$$

$$q = 2T - L$$

当圆曲线半径 R、缓和曲线长 l_0 及转向角 α 已知时，曲线要素 T、L、E 和 q 的数值可根据上式计算得到。

2. 主点里程计算和测设

1) 主点里程的计算

由图 5-7 可知，有

$$HY = ZH + l_0$$

$$QZ = HY + \left(\frac{L}{2} - l_0\right)$$

$$YH = QZ + \left(\frac{L}{2} - l_0\right)$$

$$HZ = YH + l_0$$

检核：
$$HZ = ZH + 2T - q$$

2) 主点测设

ZH 点(或 HZ 点)及 QZ 点的测设方法与圆曲线主点测设方法相同。另外两个主点 HY 点和 YH 点，其测设方法一般采用切线支距法，按点的坐标(x_0、y_0)测设。自 ZH 点(或 HZ 点)出发，沿 ZH-JD(或 HZ-JD)切线方向丈量 x_0，打桩、钉小钉，然后在这点垂直于切线方向丈量 y_0，打桩、钉小钉，定出 HY 点(或 YH 点)。

【例5.4】 已知 $R=500$m，$l_0=60$m，$\alpha=28°36'20''$，ZH 点里程为 $K_{30}+324.67$，求综合曲线要素及主点的里程。

(1) 综合曲线要素计算，根据公式计算得

$$T = 177.57 + 0.11 - 20.12 = 157.56 \text{m}$$

$$L = 349.44 + 0.20 - 40.00 = 309.64 \text{m}$$

$$E = 16.83 + 0.03 - 0.55 = 16.31 \text{m}$$

$$q = 5.70 + 0.01 - 0.24 = 5.47 \text{m}$$

(2) 主点里程计算。

已知：ZH 点里程为 $K_{30}+324.67$，则有

ZH	$K_{30}+324.67$
$+l_0$	60.00
HY	$K_{30}+384.67$
$+(L/2-l_0)$	94.82
QZ	$K_{30}+479.49$
$+(L/2-l_0)$	94.82
YH	$K_{30}+574.31$
$+l_0$	60.00
HZ	$K_{30}+634.31$

(三) 综合曲线的详细放样

1. 偏角法测设综合曲线

偏角法是我国常用的一种测设方法。其主要优点是可以进行校核，适用于山区；缺点是有误差积累。所以在测设的时候要注意经常进行校核。

缓和曲线上的各点，可将经纬仪置于 ZH 或 HZ 点进行测设。如图 5-9 所示，设缓和曲线上任意一点 P 的偏角为 δ，至 ZH 或 HZ 点的曲线为 l，其弦近似与曲线长相等，亦为 l。由直角三角形得 $\sin\delta = \dfrac{y}{l}$，又因 δ 很小且 $y = \dfrac{l^3}{6Rl_s}$，则有

$$\delta = \frac{l^2}{6Rl_s}$$

HY 或 YH 点的偏角 δ_0 为缓和曲线的总偏角。将 $l=l_s$ 代入上式得

又

$$\delta_0 = \frac{l_s}{6R}$$

$$\beta_0 = \frac{l_s}{2R}$$

$$\delta_0 = \frac{1}{3}\beta_0$$

因此可得

$$\delta = \left(\frac{l}{l_s}\right)^2 \delta_0$$

由上式可知，缓和曲线上任一点的偏角与该点至缓和曲线起点的曲线长的平方成正比。按上式计算出缓和曲线上各点的偏角后，将经纬仪架设于 ZH 或 HZ 点上，与偏角法测设圆曲线一样进行测设。由于缓和曲线上弦长为

$$C = l - \frac{l^5}{90R^2 l_s^2}$$

近似等于相对应的弧长，因而在测设时，弦长一般以弧长代替。

圆曲线上各点的测设需将仪器迁至 HY 或 YH 点上进行。这时只要定出 HY 或 YH 点的切线方向，就与前面所讲的无缓和曲线的圆曲线一样测设。关键是计算 b_0，如图 5-9 所示，显然

$$b_0 = \beta_0 - \delta_0 = 3\delta_0 - \delta_0 = 2\delta_0$$

将仪器架设于 HY 点上，瞄准 ZH 点，水平度盘配置在 b_0(当曲线右转时，水平度盘配置在 $360°-b_0$)。旋转照准部使水平读盘读数为 $0°00'00''$ 并倒镜，此时视线方向即为 HY 点的切线方向。

2. 切线支距法测设综合曲线

切线支距法测设圆曲线加缓和曲线的实质是直角坐标法测设点位，其优点是方法简单，误差不积累，缺点是不能发现中间点的测量错误。故适用于平坦地区，而不适用于山区。如图 5-10 所示，它以 ZH(或 HZ)为坐标原点，以切线为 x 轴，垂直切线方向为 y 轴，利用缓和曲线上各点的(x、y)坐标测设曲线。

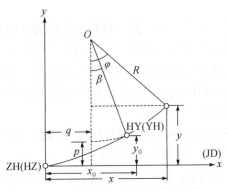

图 5-10 切线支距法测设综合曲线

在缓和曲线部分，测设点的坐标计算公式为

$$x = l - \frac{l^5}{40R^2 l_0^2}$$

$$y = \frac{l^3}{6R l_0}$$

在圆曲线部分，测设点的坐标计算公式为

$$x = R\sin\varphi + q$$

$$y = R(1 - \cos\varphi) + p$$

式中，$\varphi = \frac{l}{R} \cdot \frac{180°}{\pi} + \beta_0$，$l$ 为该点至 HY 或 YH 的曲线长，仅为圆曲线部分的长度。

经过计算得到缓和曲线和圆曲线上各点的坐标之后，就可以按照圆曲线切线支距法的测设方法进行设置了。圆曲线上各点同样可以 HY 点或 YH 点为坐标原点用切线支距法进行测设，此时，只要将 HY 或 YH 点的切线定出。如图 5-11 所示，计算出 T_d 的长度，就可以确定 HY 或 YH 点的切线了。其中

$$T_d = x_0 - \frac{y_0}{\tan\beta_0} = \frac{2}{3} l_s + \frac{l_s^3}{360 R^2}$$

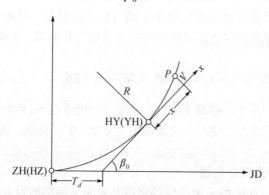

图 5-11 综合曲线 HY 或 YH 点的切线

5.2.2 复曲线和回头曲线的测设

(一) 复曲线放样

复曲线是由两个或两个以上半径不同、转向相同的圆曲线相连接或插入缓和曲线组成。复曲线在铁路的新线设计中很少采用，一般应用在地形复杂的地区、矿区、工业厂区或路线转向处。按其连接方式的不同，可分为三种形式：无缓和曲线的复曲线、有缓和曲线的复曲线和两端有缓和曲线、中间也有缓和曲线的组合形式。

1. 无缓和曲线的复曲线

若复曲线直接由两个不同半径的圆曲线衔接而成，此时多采用辅助基线法，如图 5-12 所示，AB 为基线，用钢尺通过往返丈量来得到其距离。α_1、α_2 为辅助交点转角，通过在 A、B 点分别安置全站仪测得。此时一般先确定受地形控制较严的半径 R_1，并将相应圆曲线作为主曲线，另一圆曲线称为副曲线，其半径 R_2 可以通过下式计算求得。

$$T_1 = R_1 \tan \frac{\alpha_1}{2}$$

$$T_2 = D_{AB} - T_1$$

$$R_2 = T_2 \cot \frac{\alpha_2}{2}$$

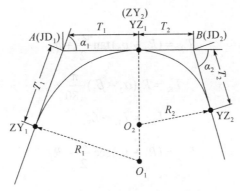

图 5-12 辅助基线法放样复曲线

2. 有缓和曲线的复曲线

1) 确定半径及缓和曲线长

如图 5-13 所示，首先确定 R_1、L_{S1}，然后确定 R_2、L_{s_2}，其中的 L_{s_1}、L_{s_2} 分别表示两端的缓和曲线长度，且 $L_{s_1} = L_{H_1}$，$L_{s_2} = L_{H_2}$。R_1、R_2 为两个半径值。

$$p_1 = \frac{L_{S_1}^2}{24R_1} = p_2 = p$$

缓和曲线是在圆曲线上插入的，P_1、P_2、P 为圆曲线内移量，是缓和曲线主要常数之一。

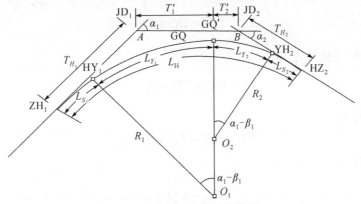

图 5-13 有缓和曲线的复曲线

(1) 要素计算。

由几何关系得第一曲线要素为

$$T_{H_1} = (R_1 + p_1)\tan \frac{\alpha_1}{2} + q_1$$

$$L_{Y_1} = R_1(\alpha_1 - \beta_1)\frac{\pi}{180}$$

$$L_{H_1} = L_{Y_1} + L_{S_1}$$

$$E_{H_1} = (R_1 + p_1)\sec\frac{\alpha_1}{2} - R_1$$

同理得第二曲线要素为

$$T_{H_2} = (R_2 + p_2)\tan\frac{\alpha_2}{2} + q_2$$

$$L_{Y_2} = R_2(\alpha_2 - \beta_2)\frac{\pi}{180}$$

$$L_{H_2} = L_{Y_2} + L_{S_2}$$

$$E_{H_2} = (R_2 + p_2)\sec\frac{\alpha_2}{2} - R_2$$

(2) 桩号计算。

第一曲线起点桩号为

$$ZH_1 = JD_1 - T_{H_1}$$

第一曲线缓圆点桩号为

$$HY_1 = ZH_1 + L_{S_1}$$

第一曲线终点，即第二曲线起点桩号为

$$GQ = HY_1 + L_{Y_1}$$

第二曲线圆缓点桩号为

$$YH_2 = GQ + L_{Y_2}$$

第二曲线终点桩号为

$$HZ_2 = YH_2 - L_{S_2}$$

JD_1 的桩号为

$$JD_1 = HZ_2 - L_{H_1} - L_{H_2} - T_{H_1}$$

JD_2 的桩号为

$$JD_2 = CQ + T_2$$

各种形式的复合曲线各主点的放样以及曲线的细部放样可参考前面相关内容。

(二) 回头曲线放样

在曲线放样中，曲线转向角 α 接近或大于 180°时，常需放样回头曲线(也称套线或灯泡线)。如图 5-14 所示，综合要素中的切线长为 T、曲线长为 L。

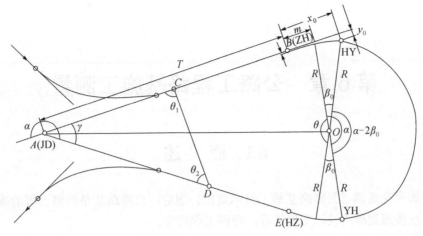

图 5-14 回头曲线放样

在图中 JD 点偏角大于 $180°$，O 是回头曲线的圆心，B、E 分别为曲线的起点和终点。一般在 JD 点上很难得到 α，这就要求在直线段上选取副交点 C、D 并测得 θ_1、θ_2，量取 CD 的长度，从而间接求出线路偏角与放样主点的位置。

$$\alpha = 360° - (\theta_1 + \theta_2)$$

$$T = (R+p) \cdot \tan\left(180° - \frac{\alpha}{2}\right) - m$$

$$L = \frac{\pi \cdot R}{180°}(\alpha - 2\beta_0) + 2l_0$$

在 $\triangle ABC$ 中，由正弦定理求得 AC、AD 的长度。由副交点 C 沿 AC 方向量取 $D_{CB}=T-AC$，定出直缓点 ZH。接着由副交点 D 沿 AD 方向量取 $D_{DE}=T-AD$，定出缓直点 E(HZ)。再由 B(或 E)点，由直角坐标 x_0、y_0 定出 HY(或 YH)点。

进行完曲线的主点放样后，其详细放样可按照圆曲线或缓和曲线的放样方法来进行。

习　题

1. 公路工程测量勘测设计阶段的基本任务是什么？
2. 什么是断链？断链的成因是什么？如何设置断链桩？
3. 道路横断面图测量的内容包括什么？
4. 放样方法包括哪几类？放样元素包括哪些内容？
5. 简述坡度放样的过程。

第6章 公路工程路基施工测量

6.1 概 述

根据国家交通部《公路路基施工技术规范》规定：公路路基是公路工程的重要组成部分，必须按照批准的设计文件进行，确保工程质量。

根据此规定，公路路基施工测量的任务是：按照设计要求，在施工现场时时监控线路的形状，路基宽度、坡脚、堑顶，线路的高低起伏、纵坡和横坡，指导挖、填高度，使其达到设计标高，从而避免盲目施工及超(欠)挖(填)。

为了路基施工顺利进行，确保工程质量，在路基施工前，必须熟悉相关设计文件和图表所包含的重要信息，如施工标段起、终点里程桩号，直线、曲线、超高段的起、终点桩号，曲线要素、交点的里程桩号及其平面坐标值，挖、填方里程桩号，路宽、纵(横)坡、挖(填)方边坡比，线路变坡点桩号及里程，各结构物里程桩号，以及线路中线与结构物主轴线之间的几何关系等。

在此基础上，应准备好路基施工测量的各种资料，如线路施工标段的导线点、水准点成果表，线路中桩及边桩坐标放样表，线路中桩、左右边桩高程设计数据表等。

有了这些数据，就可在路基施工过程中，按照施工的进度，采取相应的放样方法，来测设路基的中桩、左右边桩的平面位置和高程位置，以及标定挖方段的堑顶、填方段的坡脚位置等。

公路路基可分为路堤、路堑、半填半挖和不填不挖等几种类型，如图6-1所示。

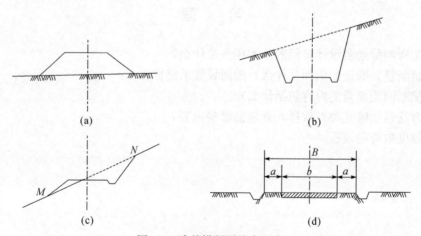

图6-1 路基横断面基本形式

(a) 路堤；(b) 路堑；(c) 半填半挖路基；(d) 不填不挖路基。

路堤，是指在原地面上用土、石或其他材料填筑起来的路基。路堤有高路堤、一般路堤和低路堤之分。路堤填高大于20m为高路堤；路堤填高小于20m大于1m的为一般路堤；路堤填高小于1m的为低路堤。

路堤施工放样，是在路线恢复定线之后，将路基基底宽度、护坡道宽度、边沟位置、公路界桩等确定下来。

路堑，是指从原地面向下挖而成的路基。在起伏地段，为了缓和道路纵坡，遇到高地时需要开挖路堑。高等级公路的路基为了与两旁隔离也有做成路堑式的。

路堑施工放样，在确定路基中心线之后，将路基基底宽度、碎落台宽度、边沟位置、路堑外坡位置、截水沟位置、公路界桩等确定下来。

6.2 路基放样内容

路基放样内容如下：
(1) 在地面中线桩处标定填挖高度。
(2) 按设计图纸定出横断面的各主要点，如路堤的边缘和坡脚、路堑的坡顶、半填半挖断面的坡脚和坡顶。
(3) 边坡放样，即按照设计的边坡度、高度确定边坡位置。
(4) 移设桩点，即将施工过程中难以保存的桩点移设于施工范围以外。

6.3 路基边桩放样

路基施工前，要标定每一个中桩处的横断面方向上路堤坡脚线或路堑坡顶线，即路基两旁边坡与地面相交点，作为修筑路基填挖方开始的范围，这些桩称为边桩。边桩位置是根据两侧边桩至中桩的水平距离测设。

边桩放样前，应仔细审核、熟悉图纸，了解路基形式、设计宽度、曲线加宽、路基断面变化、边坡坡度等，了解地面起伏情况，确定放样方法，选择仪器工具，以便正确测放边桩。

路基边桩放样的方法有图解法、解析法、逐次趋近法、坐标法等。原地面平坦时，一般多用图解法，用此法必须有准确的横断图。其他方法操作计算比较繁锁，但结果准确，亦是常用的方法，尤其适合于深挖高填路段的边桩放样。

(一) 图解法

利用供施工用的路基横断面图，确定中桩与边桩实际水平距离，沿横断面方向测量定点并打桩。

(二) 解析法

当只知道现场的填挖高度，而缺乏横断面时，可参照下述方法放样边桩，当地面平坦时，先按下式求出中桩至边桩的距离，如图6-2(a)、(b)所示。

$$L = \frac{B}{2} + H \cdot m$$

$$L = \frac{B_1}{2} + H \cdot m$$

式中：B 为路基设计宽度(m)；B_1 为路基与侧边沟宽度之和(m)；m 为边坡的设计坡度；H 为路基中心设计填挖高度(m)。

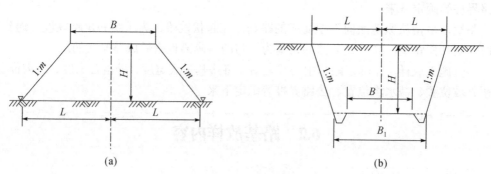

图 6-2 解析法边桩放样示意图

(a) 路堤；(b) 路堑。

(三) 逐次趋近法

当地面倾斜时，可按逐渐趋近法测设边桩。如图 6-3 所示为倾斜地面路基横断面图，设地面左边低、右边高，则由图可知：

路堤：

$$D_左 = b/2 + m(h + h_左)$$
$$D_右 = b/2 + m(h - h_右)$$

路堑：

$$D_左 = b/2 + s + m(h - h_左)$$
$$D_右 = b/2 + s + m(h + h_右)$$

在上式中，b、m 和 s 均为设计时已知，因此 $D_左$、$D_右$ 随 $h_左$、$h_右$ 而变化，而 $h_左$、$h_右$ 为左、右边桩地面与路基设计高程的高差，由于边桩位置是待定的，故 $h_左$、$h_右$ 均不能事先知道。在实际测设工作中，是沿着横断面方向，采用逐渐趋近法测设边桩。

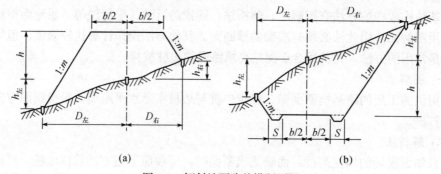

图 6-3 倾斜地面路基横断面图

【例 6.1】 如图 6-3(b)所示，设路基宽度为 10m，左侧边沟顶宽度为 2m，中心桩挖深为 5.0m．边坡坡度为 1:1，测设步骤如下：

(1) 估计边桩位置。

根据地形情况，估计左边桩处地面比中桩地面低 1m，即 $h_{左}$ =1m，代入公式计算得左边桩近似距离为 11m，在实地沿横断面方向向左测量 11m，在地面上定出①点。

(2) 实测高差

用水准仪实测①点与中桩地面之高差为 1.5m，则此时①点距中桩之平距应为 10.5m，此值比初次估计值小，故正确的边桩位置应在①点的内侧。

(3) 重估边桩位置。

正确的边桩位置应在距离中桩 10.5～11m 之间，重新估计边桩距离为 10.8m，在地面上定出②点。

(4) 重测高差

测出②点与中桩的实际高差为 1.2m，则②点与中桩之平距应为 10.8m，此值与估计值相符，故②点即为左侧边桩位置。

由上述可知逐点接近测设边桩位置的步骤是：先根据地面实际情况，估计边桩位置（可参考路基横断面图）；然后测出估计位置与中桩地面间的高差，按此高差可以算出边桩的相对位置。若计算值与估计值相符，即得边桩位置，否则，再按实测资料进行估计，重复上述工作，逐渐趋近，直到计算值与估计值相符或接近为止。

(四) 坐标法

坐标法放样边桩是利用全站仪放样和测量功能，根据逐渐接近法的原理测设边桩位置。测设前计算出断面方向的边桩坐标，坐标计算关键是要求出直线段垂直于中桩方向的方位角、圆曲线上中桩处径向方位角和缓和曲线上中桩处法向方位角。根据中桩坐标、中桩至边桩的距离及方位角计算边桩坐标。

1. 直线段断面方向方位角计算

如图 6-4 所示，α_z 可用直线上两点坐标反算求得，左、右断面方向方位角为

$$\alpha_{左} = \alpha_z - 90°$$
$$\alpha_{右} = \alpha_z + 90°$$

2. 圆曲线段径向方位角计算

如图 6-5 所示，径向方位角计算式如下。

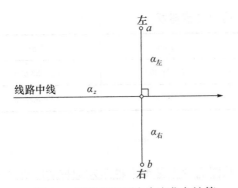

图 6-4 直线段断面方向方位角计算

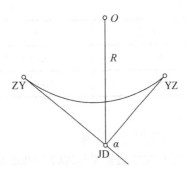

图 6-5 圆曲线段径向方位角计算

1) 圆心坐标

$$\alpha_{JD-O} = \alpha_{JD-ZY} + \frac{180° - \alpha}{2} = \alpha_{JD-ZY} + 90° - \frac{\alpha}{2}$$

$$X_O = X_{JD} + (R+E)\cos\alpha_{JD-O}$$

2) 径向方位角

圆心坐标与中线坐标进行反算即可得到各点径向方位角。

(1) 缓和曲线段法线方位角计算见图 6-6。

曲线左偏时，有

$$\alpha_{左} = \alpha_{ZJ} - \beta_p - 90°$$
$$\alpha_{右} = \alpha_{ZJ} - \beta_p + 90°$$

式中：α_{ZJ} 为 ZH-JD 方向方位角；$\alpha_{左}$ 为左边桩方位角；$\alpha_{右}$ 为右边桩方位角。

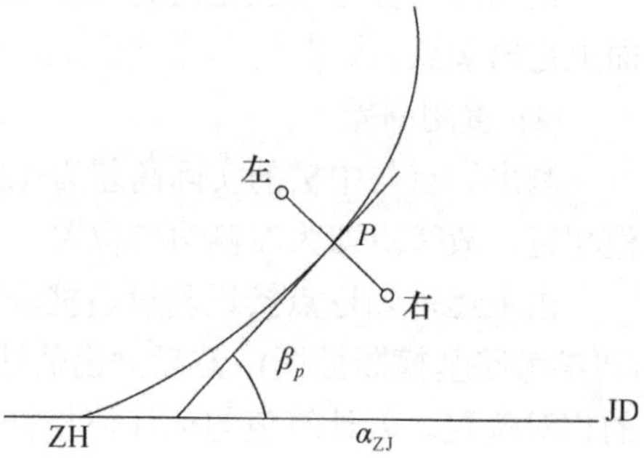

任一点 P 的缓和曲线切线角计算式为

$$\beta_p = \frac{L^2}{2RL_0} \times \frac{180°}{\pi}$$

同理可得曲线右偏时法线方位角为

$$\alpha_{左} = \alpha_{ZJ} + \beta_p - 90°$$
$$\alpha_{右} = \alpha_{ZJ} + \beta_p + 90°$$

图 6-6 缓和曲线段法线方位角计算

3. 坐标法放样边桩步骤

(1) 从断面图中量取中桩至边桩的水平距离(估计值)，然后计算边桩坐标。

(2) 使用全站仪坐标法放样初设边桩位置。

(3) 由于设计路基断面图与实地断面图有出入，所以初设边桩存在误差。用全站仪实测中桩至初设边桩的距离和高差，计算实际平距并与估计值比较，根据差值实地调整边桩位置。

【**例 6.2**】 某公路 JD_4、JD_5 的坐标见表 6-1，JD_4 的半径 $R=400m$，缓和曲线长 $l_0=90m$，$\beta_{左}=48°15'47''$。计算各中桩处左右边桩坐标。

表 6-1 已知交点坐标

交点序号	桩号	X/m	Y/m
JD_4	K2+771.427	27101.307	627968.686
JD_5	K4+355.566	25942.262	629080.813

解：

(1) 直线段边桩计算。

计算直线段边桩坐标(以 K3+000 为例)，从断面图上量得中桩距左边桩的距离是 25m，距右边桩的距离是 30m。

$$\alpha_{左} = \alpha_{JD_4-HZ} - 90° = 46°11'0.4''$$

$$\alpha_{右} = \alpha_{JD_4-HZ} + 90° = 226°11'0.4''$$

$$x_{左} = x_{k3+000} + d_{左} \times \cos\alpha_{左} = 26937.694\text{m}$$

$$y_{左} = x_{k3+000} + d_{左} \times \sin\alpha_{左} = 628160.323\text{m}$$

$$x_{右} = x_{k3+000} + d_{右} \times \cos\alpha_{右} = 26899.614\text{m}$$

$$y_{右} = x_{k3+000} + d_{右} \times \sin\alpha_{右} = 628120.637\text{m}$$

(2) 第一缓和曲线边桩坐标计算。

计算第一缓和曲线段边桩坐标(以 K2+576.875 为例)，从断面图上量得中桩距左边桩的距离是 25m，距右边桩的距离是 30m。

$$\beta_p = \frac{L^2}{2RL_0} \times \frac{180°}{\pi} = 0°42'58.3''$$

$$\alpha_{左} = \alpha_{ZH-JD_4} - \beta_p - 90° = 93°43'49.1''$$

$$\alpha_{右} = \alpha_{ZH-JD_4} - \beta_p + 90° = 273°43'49.1''$$

$$x_{左} = x_{k2+586.875} + d_{左} \times \cos\alpha_{左} = 27293.638\text{m}$$

$$y_{左} = x_{k2+586.875} + d_{左} \times \sin\alpha_{左} = 628008.841\text{m}$$

$$x_{右} = x_{k2+586.875} + d_{右} \times \cos\alpha_{右} = 27297.216\text{m}$$

$$y_{右} = x_{k2+586.875} + d_{右} \times \sin\alpha_{右} = 627953.958\text{m}$$

(3) 第二缓和曲线段边桩坐标计算。

计算第二缓和曲线段边桩坐标(以 K2+923.815 为例)，从断面图上量得中桩距左边桩的距离是 25m，距右边桩的距离是 30m。

$$\beta_p = \frac{L^2}{2RL_0} \times \frac{180°}{\pi} = 1°16'23.7''$$

$$\alpha_{左} = \alpha_{HZ-JD_4} + \beta_p - 90° = 227°27'24.1''$$

$$\alpha_{右} = \alpha_{HZ-JD_4} + \beta_p + 90° = 47°27'24.1''$$

$$x_{左} = x_{k2+923.815} + d_{左} \times \cos\alpha_{左} = 26958.849\text{m}$$

$$y_{左} = x_{k2+923.815} + d_{左} \times \sin\alpha_{左} = 628071.541\text{m}$$

$$x_{右} = x_{k2+923.815} + d_{右} \times \cos\alpha_{右} = 26996.037\text{m}$$

$$y_{右} = x_{k2+923.815} + d_{右} \times \sin\alpha_{右} = 628112.063\text{m}$$

计算坐标时代入相应中桩至边桩方位角，左右互换。

(4) 圆曲线段边桩坐标计算。

计算圆曲线段边桩坐标(以 K2+700 为例)，从断面图上量得中桩距左边桩的距离是

25m，距右边桩的距离是 30m。

$$\alpha_{JD_4-O} = \alpha_{JD_4-ZH} + \frac{180°-\alpha}{2} = 70°18'53.9''$$

$$X_0 = X_{JD_4} + (R+E) \times \cos\alpha_{JD_4-O} = 27249.261\text{m}$$

$$Y_0 = Y_{JD_4} + (R+E) \times \sin\alpha_{JD_4-O} = 628382.245\text{m}$$

由圆心坐标和中桩坐标反算径向方位角：

$$\alpha_{左} = \alpha_{JD_4-O} = \arctan\left|\frac{628382.245 - 627989.649}{27249.261 - 27172.654}\right| = 78°57'31.2''$$

$$\alpha_{右} = \alpha_{O-JD_4} = 258°57'31.2''$$

$$x_{左} = x_{k2+700} + d_{左} \times \cos\alpha_{左} = 27177.442\text{m}$$

$$y_{左} = x_{k2+700} + d_{左} \times \sin\alpha_{左} = 628014.186\text{m}$$

$$x_{右} = x_{k2+700} + d_{左} \times \cos\alpha_{右} = 27187.179\text{m}$$

$$y_{右} = x_{k2+700} + d_{左} \times \sin\alpha_{右} = 627960.204\text{m}$$

6.4 竖曲线测设

6.4.1 竖曲线的概念及分类

当相邻两直线间存在不同坡度时，在路线纵坡变更处，为了行车的平稳和视距的要求，在竖直面内应以曲线衔接，这种曲线称为竖曲线。竖曲线有抛物线形和圆曲线形两种。竖曲线一般采用圆曲线，这是因为在一般情况下，相邻坡度差都很小，而选用的竖曲线半径都很大，因此即使采用二次抛物线等其他曲线，所得到的结果也与圆曲线相同。竖曲线有凸形和凹形两种，如图 6-8(a)所示。

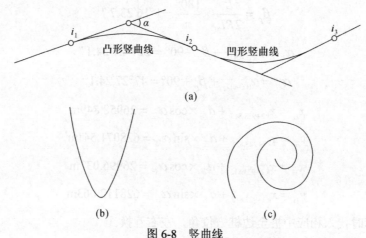

图 6-8 竖曲线

(a) 竖曲线；(b) 三次抛物线；(c) 辐射螺旋线。

公路或铁路的纵断面是由许多不同坡度的线段连接而成的，其中两相邻坡段的交点变坡点。为了行车的安全，在两相邻坡段之间应加设竖曲线。竖曲线按顶点的位置可分为凸形竖曲线和凹形竖曲线，分别如图 6-9 所示。按性质又分为抛物线形竖曲线和圆曲线形竖曲线，它们的数学方程式分别为 $2py=x^2$ 和 $x^2+y^2=R^2$，公路的竖曲线一般为圆曲线。

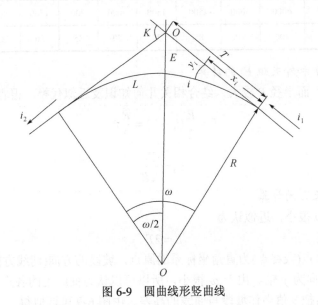

图 6-9　圆曲线形竖曲线

6.4.2　竖曲线的计算

（一）变坡角 ω 的计算

如图 6-10 所示，I 为变坡点，相邻的前后纵坡分别为 i_1 和 i_2。纵断面上的变坡角为

$$\omega = \Delta i = i_1 - i_2$$

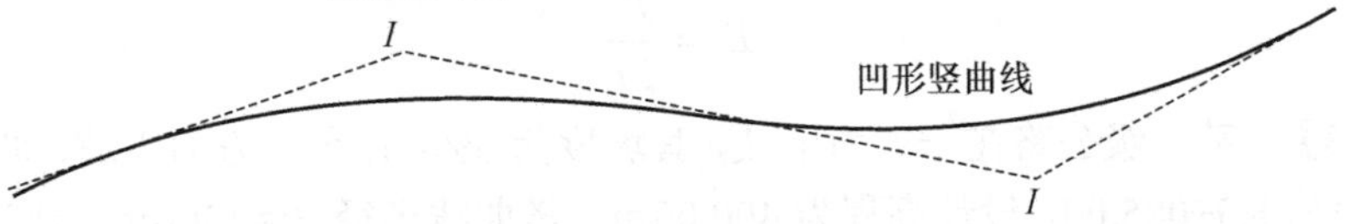

图 6-10　竖曲线

一般规定上坡为正，下坡为负。这样当 $\Delta i = i_1 - i_2 > 0$ 时，此处为凸形竖曲线；反之就为凹形竖曲线。

（二）竖曲线半径 R 的确定

竖曲线半径一般在断面设计时就给出来了，它的确定与线路等级有关，详见表 6-2。一般在没有特殊要求或者相邻坡度的代数差 Δi 很小的情况下，竖曲线应尽量采用较大的半径，以改善线路的行车条件。

表 6-2 竖曲线半径

公路等级	高速公路		一		二		三		四	
地形	平丘	山丘	平丘	山丘	平丘	山丘	平丘	山丘	平丘	山丘
凸形竖曲线半径/m	17000	4500	10000	2000	4500	700	2000	400	700	200
凹形竖曲线半径/m	6000	3000	4500	1500	3000	700	1500	400	700	200
竖曲线最小长度/m	100	70	85	50	70	35	50	25	35	20

(三) 切线长 T 和外矢距 E_0 的计算

由于 ω 较小，而半径 R 较大，结合相关几何知识及近似代换，很容易得到

$$T = \frac{R}{2}(i_1 - i_2) = \frac{R}{2}\Delta_i$$

$$E_0 = \frac{T^2}{2R}$$

(四) 竖曲线长 L 的计算

由于变坡角 ω 很小，近似认为

$$L = 2T$$

以竖曲线的起点(或终点)为直角坐标系的原点，坡段的方向(切线方向)为 x 轴，通过起(终)点的圆心方向为 y 轴。由于 ω 很小，所以可以认为曲线上的各点的 y 坐标方向与半径方向一致，而把 y 值当作坡段与曲线的高差。由图 6-9 可近似得

$$(R+y)^2 = R^2 + x^2$$

因 y^2 与 x^2 相比较，y^2 的值很小，略去 y^2，则有 $2Ry = x^2$，即

$$y = \frac{x^2}{2R}$$

当 $x = T$ 时，y 值最大，而 y_{max} 近似等于外矢距 E_0，从而有

$$E_0 = \frac{T^2}{2R}$$

【例 6.3】 某二级公路在一方为上坡，其坡度为 5%；在另一方为下坡，坡度为 -3%，变坡点里程为 K5+085.00，设计高程为 400.00m，竖曲线半径 $R = 1500$m，计算并按每隔 5m 编制圆形竖曲线上各点的高程表。

解：计算曲线的元素如下：

变坡角 $\omega = \Delta i = i_1 - i_2 = 0.05 - (-0.03) = 0.08$

切线长 $T = 1/2 R \times \Delta i = 1/2 \times 1500 \times 0.08 = 60.00$m

曲线长 $L = 2T = 2 \times 60.00 = 120.00$m

外矢距 $E_0 = \dfrac{T^2}{2R} = \dfrac{3600}{2 \times 1500} = 1.20$m

推算竖曲线起、终点的桩号

变坡点　　K5+085.00
−T　　　　　060.00
起点　　　K5+025.00
+L　　　　　120.00
终点　　　K5+145.00

计算竖曲线上各点 y 坐标值。若竖曲线上每隔 10m 计算一点，则有

$$y_1 = \frac{x^2}{2R} = 0.033 \text{m}$$

$$y_2 = 0.132 \text{m}$$

$$y_3 = 0.297 \text{m}$$

...

计算坡度线路相应的高程：

$$H_{起} = 400.00 - \frac{5}{100} \times 60 = 397.00 \text{m}$$

$$H_{终} = 400.00 - \frac{3}{100} \times 60 = 398.20 \text{m}$$

具体见表 6-3。

表 6-3　竖曲线上各点高程

点号	里程	x	y	坡度线上各点高程 $H' = H_0 + i \cdot (T-x)$	竖曲线上各点高程 $H = H' \pm y$
终点	K5+185.00	0	0	398.20	398.200
11	+135.00	10	0.033	398.50	398.467
10	+125.00	20	0.132	398.80	398.668
9	+115.00	30	0.297	399.10	398.803
8	+105.00	40	0.528	399.40	398.872
7	+95.00	50	0.825	399.70	398.875
6	+85.00	60	1.188	400.00	398.812
5	+75.00	50	0.825	399.50	398.675
4	+65.00	40	0.528	399.00	398.472
3	+55.00	30	0.297	398.50	398.203
2	+45.00	20	0.132	398	397.868
1	+35.00	10	0.033	397.50	397.467
起点	+25.00	0	0	397.00	397.000

6.4.3　竖曲线的放样步骤

测设竖曲线是根据纵断面图上标注的里程和高程附近已放样的某整桩，向前或向后测设各点的 x 值(水平距离)，并设置竖曲线桩。在施工的时候，再根据已知的高程点进行

各曲线高程的测设。

(1) 根据坡度代数差和竖曲线设计半径计算竖曲线要素。

(2) 推算竖曲线上各点的桩号，一般情况下竖曲线上每隔5m测设一个点。

(3) 根据竖曲线上细部点距曲线起点或终点的弧长，来计算相应的 y 值，然后再推算各点高程。

$$H_i = H_{坡} \mp y$$

式中：H_i 为竖曲线细部点 i 的高程，$H_{坡}$ 为 i 点的坡段高程。当竖曲线为凸形时取"−"号；为凹形时取"+"号。

(4) 通过变坡点附近的里程桩来测设变坡点，从变坡点起沿线路前后方向测设切线长度 T，进而得到竖曲线的起点和终点。

(5) 从竖曲线的起点(或终点)开始，沿切线方向每隔5m在地面上标定一个木桩。

(6) 观测各个细部点的地面高程。

(7) 在细部点的木桩上注明地面高程与竖曲线的设计高程之差，也就是所谓的填、挖高度。

6.5 缓和超高段边桩高程计算

放样边桩除了放样平面位置外，还要放样边桩高程，边桩高程计算时根据中桩高程、中桩至边桩的距离及路拱横坡坡度计算边桩高程。在直线段与圆曲线超高段(全超高段)各横断面路拱横坡坡度为已知，而在缓和曲线段的超高横坡坡度是逐渐变化的。因此，缓和曲线超高段的边桩高程计算关键是计算每个横断面处超高横坡度，计算公式如下：

1. L_1 计算

$$L_1 = \frac{2i_1}{i_1 + i_b} \times l_s$$

式中：L_1 为缓和曲线起点 ZH 或终点 HZ 至超高边坡临界面的距离；i_1 为直线段路拱坡度，取正值；i_b 为设定的最大超高横坡度；L_S 为缓和曲线长。

2. 外侧超高横坡度

$$i_x = \frac{L_x}{L_s}(i_1 + i_b) - i_1$$

式中：L_x 为计算点至缓和曲线起点 ZH 或终点 HZ 的距离。

3. 内侧超高横坡度

《公路工程技术标准》规定，当超高横坡度计算值小于路拱坡度时，设置等于路拱坡度超高。则：

当 $L_x < L_1$ 时，内侧超高坡度 $i_x = i_1$；

当 $L_x > L_1$ 时，内侧超高坡度 i_x 等于外侧超高坡度。

4. 边桩高程

$$H_{左} = H_{右} = H_{中} + D \times i_x$$

式中：$H_{左}$，$H_{右}$为边桩高程；$H_{中}$为中桩高程；D为半幅路宽。

【例6.4】 图6-11为某施工标段其中一个曲线超高段示意图，路宽15.5m，从图中可知，曲线为右偏曲线，路面右低左高。缓和曲线长L_s=80m；设定最大超高横坡度i_b=0.04；路拱坡度i=0.02，中桩高程已计算出并填入计算表，各主点里程如图6-11所示。试计算每20m整桩号的边桩高程。

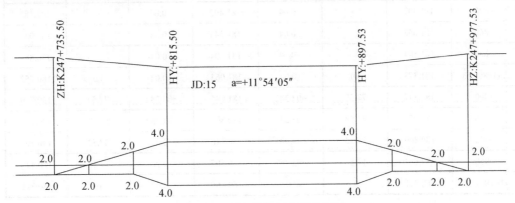

图6-11 缓和曲线超高段示意图

解：(1) L_1的计算：

$$L_1 = \frac{2i_1}{i_1 + i_b} \times L_s = \frac{2 \times 0.02}{0.02 + 0.04} \times 80 = 53.33\text{m}$$

(2) 第一缓和曲线段K247+780.0断面：

$$L_x = 780 - 735.5 = 44.5\text{m}$$

则$L_x < L_1$，外侧按计算值，内侧应等于路拱坡度。
外侧超高横坡度：

$$L_x = \frac{L_x}{L_s}(i_1 + i_b) - i_1 = \frac{44.5}{80}(0.02 + 0.04) - 0.02 = +0.0134\text{m}$$

边桩高程：

$$H_{左} = H_{中} + D \times i_x = 181.940 + 7.75 \times 0.0134 = 182.044\text{m}$$
$$H_{右} = H_{中} + D \times i_x = 181.940 + 7.75 \times (-0.020) = 181.785\text{m}$$

其余各点计算结果见表6-4。

表6-4 缓和曲线超高段横坡度与边桩高程计算

桩号							
ZH+735.50	182.117	0	−0.02	182.272	−0.02	0	182.117
+740	182.109	4.5	−0.0166	182.238	−0.02	4.5	182.083
+760	182.076	24.5	−0.0166	182.089	−0.02	24.5	181.934
+780	182.044	44.5	+0.0134	181.940	−0.0284	44.5	181.785

(续)

桩号							
+800	182.011	64.5	+0.02	181.791	-0.04	64.5	181.571
HY+815.50	181.985	80	+0.0284	181.675	-0.04	80	181.365
+820	181.952		+0.04	181.642	-0.04		181.332
+840	181.802		+0.04	181.492	-0.04		181.182
+860	181.653		+0.04	181.343	-0.04		181.033
+880	181.504		+0.04	181.194	-0.04		180.884
YH+897.53	181.373	80	+0.04	181.063	-0.04	80	180.753
+900	181.341	77.53	+0.0382	181.045	-0.0382	77.53	180.749
+920	181.075	57.53	+0.0232	180.896	-0.0232	57.53	180.717
+940	180.809	37.53	+0.0081	180.746	-0.02	37.53	180.591
+960	180.544	17.53	-0.0069	180.597	-0.02	17.53	180.442
HZ+977.53	180.311	0	-0.02	180.466	-0.02	0	180.311

6.6 路基工程完成后的测量工作

按照公路路基施工相应技术规范规定：路基工程基本完工后，必须进行全线的竣工测量，包括中线测量，横断面测量及高程测量，以作为竣工验收的依据。

竣工验收测量成果是衡量工程质量的重要资料，必须认真、严格。

6.6.1 竣工验收项目

竣工验收工作，应由施工单位会同施工监理人员，按设计文件要求对下列项目进行检查、验收。

(1) 路基的平面位置。
(2) 路基宽度、标高、横坡和平整度。
(3) 边坡坡度及边坡加固。
(4) 边沟和其他排水设施的尺寸及底面纵坡。
(5) 防护工程的各部分尺寸及位置。
(6) 填土压实度和表面弯沉。
(7) 取土坑、弃土堆、护坡道、截水沟、渗水井等位置和形式。
(8) 隐蔽工程记录。

6.6.2 竣工验收中的测量工作

公路施工的检查验收，实践中是以施工监理人员为主，施工单位测量人员为辅进行的。此时施工测量人员应做的主要工作有：

(1) 重新放样路基全线的中桩、左右边桩的平面位置，编写里程桩号，进行线路外形尺寸自我检查。

① 自检中线偏位。
② 自检路基宽度。
(2) 用水准前视法实测所放桩位实地高程,与路基设计高程比较,进行线路高程位置自我检查。
① 纵断面高程检查。
② 横断面高程检查。
③ 路基面平整度检查。
(3) 验收检查时,协助施工监理人员进行工作。

检查验收是保证工程质量的重要部分。为了保障路基工程质量,在路基施工过程中,当每一分项、分部工程完成时,应按批准的设计图纸、设计文件、技术规范的要求,对施工质量进行中间检查。只有每一分项、分部工程优良,整个工程质量最终才会优良。

第 7 章　桥涵工程施工测量

公路修筑过程中，与路基基本同时施工的结构物泛指桥梁、涵洞、通道、排水沟、防护坡等。它们是公路的重要组成部分，本章重点介绍桥梁及涵洞的施工测量工作。

7.1　桥梁施工测量

随着交通运输业的发展，为了确保车辆、船舶、行人的通行安全，桥梁建设日新月异，跨越河流、山谷的桥梁，以及陆地上的立交桥和高架桥建得越来越多、越高，跨径也越来越大。新桥型的不断涌现使得桥梁施工技术含量增加，所以桥梁建设无论从投资比重、工期还是技术要求等方面都居十分重要的位置。为了保证桥梁施工质量达到设计要求，必须采用正确的测量方法和适宜的精度来控制各分项工程的平面位置、高程和几何尺寸，由此可见桥梁施工测量的意义重大。

7.1.1　桥梁的分类

公路桥梁按其多孔跨径总长或单孔跨径可分为特大桥、大桥、中桥、小桥、涵洞五种形式，如表 7-1 所示。桥梁施工测量的方法及精度要求随跨径和河道及桥涵结构的情况而定。

表 7-1　桥梁按跨径分类

桥涵分类	多孔跨径总长 L/m	单孔跨径 L_k/m
特大桥	$L \geqslant 1000$	$L_k \geqslant 150$
大桥	$100 \leqslant L \leqslant 1000$	$40 \leqslant L_k \leqslant 100$
中桥	$30 < L < 100$	$20 \leqslant L_k < 40$
小桥	$8 \leqslant L \leqslant 30$	$5 \leqslant L_k < 20$
涵洞	—	$L_k < 5$

7.1.2　桥梁施工测量的目的和内容

桥梁施工测量的目的是利用测量仪器设备，根据设计图纸中的各项参数和控制点坐标，按一定精度要求将桥位准确无误地测设在地面上，指导施工。

桥梁施工测量，根据桥梁类型、基础类型、施工工艺的不同，施工测量内容和测量方法、精度要求各有不同，概括起来主要包括桥轴线测量、墩台中心位置放样、墩台纵横轴线放样、主体工程控制测量及各部位尺寸、高程测设和检测。

7.1.3 桥梁施工测量的特点

桥梁施工测量与施工质量、施工进度息息相关。测量人员在桥梁施工前,必须对设计图纸、测量所需精度有所了解,认真复核图纸上的尺寸和测量数据,了解桥梁施工的全过程,并掌握施工现场的变动情况,使施工测量工作与施工密切配合。

另外,桥梁施工现场工序繁杂、机械作业频繁,对其测量高程及控制点干扰较大,容易造成破坏。因此,控制点复测计测量标志必须埋设稳固,尽量远离施工容易干扰的位置,并注意保护,经常检查,定期复测,如有破坏及时恢复。

7.1.4 桥梁施工测量的原则

为了保证桥梁施工的平面位置及高程均能符合设计要求,施工测量与测绘地形图一样,必须也要遵循"先整体后局部,先控制后碎部"的原则,即先在施工现场建立统一的平面控制网及高程控制网,然后以此为基础,将桥梁测设到预定位置。

7.1.5 桥梁施工控制网的布设与复测

桥梁施工中,为了保证所有墩台平面位置以规定精度,按照设计平面位置放样和修建,使预制梁安全架设,必须进行桥梁施工控制测量。

在一般情况下,桥梁施工测量所建立控制网均由设计单位勘察设计时建立。作为施工单位,进场后只需安排测量人员对其控制网点进行复测,其精度满足有关规定及桥梁设计要求,即可采用原设计提供的控制网点坐标。对控制网点复测后,为了方便现场施工放样要求,施工单位需在其之间加设一定数量的加密点,其加密点精度应等同于原控制网点。

桥梁施工控制测量包括平面控制测量和高程控制测量。

(一) 平面控制测量

建立平面控制网的目的是测定桥轴线长度和据此进行墩台位置放样,同时也可用于施工过程中的变形监测。对于跨越无水河道的直线小桥,桥梁轴线长度可以直接测定,墩台位置也可直接利用桥轴线的设计控制点测设,无须建立平面控制网。但跨越有江河的大型桥梁,墩台无法直接定位,则必须建立平面控制网。根据桥梁跨越的河宽及地形条件,平面控制网多布设成如图 7-1 所示的形式。

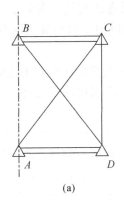
(a)

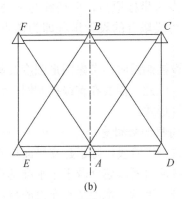
(b)

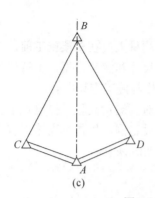
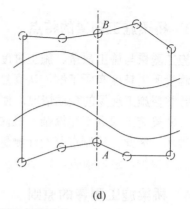

图 7-1 桥梁平面控制网布设形式

(a) 大地四边形；(b) 双大地四边形；(c) 三角形；(d) 双闭合环导线。

桥梁控制网选布时尽可能使桥的轴线作为三角形的 1 条边，以利于提高桥轴线的精度。如有可能，也应将桥轴线的 2 个端点纳入网内，以间接求算桥轴线长度。基线选在桥轴线两端并与桥轴线接近垂直或小于 90°，基线长度宜为桥轴线长度的 0.7 倍。

对于控制点的要求，除了图形强度以外，还要求地质条件稳定，视野开阔，便于交会墩位，其交会角不能太大或太小，应控制在 30°～120°，困难时也不宜小于 25°。

在控制点上要埋设标石及刻有"+"字的金属中心标志。如果兼作高程控制点用，则中心标志宜做成顶部为半球状。

控制网可采用测角网、测边网或边角网。采用测角网时宜测定 2 条基线边。由于桥轴线长度及各个边长都是根据基线及角度推算的，为了保证桥轴线有可靠的精度，所以基线精度要高于桥轴线精度 2 倍，并使用高精度全站仪来测量基线边长。测边网是测量所有边长而不测角度。边角网则是边长和角度都测。如果采用测边网或边角网，由于边长是直接测定的，所以不受或少受测角误差的影响，测边精度与桥轴线要求的精度相当即可。

建立桥梁施工坐标系时，由于桥梁三角网一般都是独立的自由网，没有坐标及方向的约束条件，所以平差时都按自由网处理。它所采用的坐标系，直线桥一般是以桥轴线作为 x 轴，而桥轴线始端控制点的里程作为该点的 x 值。曲线桥是以直线转点或曲线起终点为坐标原点，以切线为 x 轴，垂直于坐标原点的垂线方向为 y 轴。这样，直线桥的桥梁墩台的设计里程即为该点的 x 坐标值，可以便于以后施工队放样的数据计算。

在布设控制网时，考虑图形强度及其他因素，主网上的点往往不能满足交会墩台位置的需要。因此，需要在首级控制网下将控制点加密，一般采用前方交会、边角交会和附合导线等形式。

(二) 高程控制测量

在桥梁施工阶段，除了建立平面控制点外，还应建立高程控制网，作为放样高程的依据，即在河流两岸建立若干个水准基点。这些水准基点除用于施工外，也可作为变形观测的高程基准点。水准基点布设的数量视河宽及桥的大小而异。一般小桥可只布设 1

个；在200m以内的大、中桥，宜在两岸各设1个；当桥长超过200m时，由于两岸联测不便，为了在高程变化时易于检查，则每岸不少于3个。

水准基点是永久性的，必须十分稳固。除了它的位置要求便于保护外，根据地质条件，可采用混凝土标石、钢管标石、管柱标石或钻孔标石。在标石上方嵌以凸出半球状的铜质或不锈钢标志。为了方便施工，也可在附近设立施工水准点，由于其使用时间较短，所以在结构上可以简化，但要求使用方便、相对稳定，且在施工时不致破坏。

桥梁水准点与路线水准点应采用同一高程系统。与线路水准点联测的精度不需要很高，当包括引桥在内的桥长小于500m时，可用四等水准联测，大于500m时可用三等水准进行联测。但桥梁本身的施工水准网，则宜用较高精度，因为它是直接影响桥梁各部位放样精度的。当过河视距较长时，使得读数精度偏低，特别是前后视距相差太大，从而使水准仪的 i 角误差和地球曲率、大气折光的影响都会变大，这时就需要用到跨河水准测量。

(三) 桥梁控制网复测

桥梁施工前，应对移交的控制网进行复测，首先应熟悉、理解设计文件中桥梁控制网的形式、等级、相关的技术规范，制定复测技术方案。复测的目的是检查控制点的稳定性。复测内容一般包括基线复测、边长复测、角度复测。复测边长、角度与设计成果反算值进行对比。边长应小于2倍的该级控制网的测边中误差，水平角应小于2倍的该级控制网的测角中误差。复测精度要求和复测方法应与原网相同。复测工作完成后，应向业主、监理提交复测报告和原始记录。若复测的结果与原测结果出入较大，应分析原因，及时上报业主和监理进行复测，确认后向设计单位反映，以便提出解决方案。

对于特大桥、重要桥梁及线形复杂的桥梁应由有相应等级资质的专业测量单位复测。高程控制网的复测一般按原测路线、原测等级进行。跨河水准与两岸水准测量独立进行，高程差值应小于2倍的该等级水准测量的高程中误差，同样提出复测报告。

7.1.6 桥梁施工测量

在桥梁施工测量中，最主要的工作是准确地定出桥梁墩台的中心位置和它的纵横轴线，这些工作称为墩台定位。直线桥梁墩台定位所依据的原始资料为桥轴线控制桩的里程和墩台中心的设计里程，根据里程算出它们的距离，按照这些距离定出墩台中心的位置。曲线桥所依据的原始资料，除了控制桩及墩台中心的里程外，还有桥梁偏角、偏距及墩台或结合曲线要素计算出的墩台中心的坐标。

水中桥墩基础施工定位时，由于目标处于不稳定状态，在其上无法使测量仪器稳定，一般采用方向交会法；如果墩位在无水或浅河床上，可用直接定位法；在已稳固的墩台基础上定位，可以采用方向交会法、距离交会法和极坐标法。

(一) 直线桥的墩、台定位测量

直线桥墩台中心都位于桥轴线方向上。墩台中心设计里程及桥轴线起点里程是已知的。如图 7-2 所示，相邻两点里程相减即可求得它们之间的距离。根据地形条件，可采用直接测距法或交会法或 GPS 测量方法测设出墩台中心位置。

图 7-2 直线桥墩台定位

1. 直接测距法

这种方法使用于无水或浅水河道。利用全站仪进行测设,在桥轴线起点或终点架设仪器,并照准另一端点。在桥轴线方向上设置反光镜,并前后移动,直至测出的距离与设计距离相符,则该点即为要测设的墩台中心位置。为了减少移动反光镜的次数,在测出的距离与设计距离相差不多时,可用小钢尺测出其差数,以定出墩台中心的概略位置,打入木桩后,在桩面上标出方向线,将反光镜立在方向线上,精确定位,并钉一小钉。

2. 交会法

当桥墩位于水中,无法丈量距离及安置反光镜时,则可采用角度交会法。如图 7-3 所示,A、B、C 为控制网的控制点,坐标分别为 $A(X_A, Y_A)$,$B(X_B, Y_B)$,$C(X_C, Y_C)$。D 为墩台中心位置,坐标为 $D(X_D, Y_D)$。

根据所给坐标,可计算出各方向方位角:

$$\alpha_{AD} = \arctan\left(\frac{Y_D - Y_A}{X_D - X_A}\right)$$

$$\alpha_{AB} = \arctan\left(\frac{Y_B - Y_A}{X_B - X_A}\right)$$

$$\alpha_{CD} = \arctan\left(\frac{Y_D - Y_C}{X_D - X_C}\right)$$

$$\alpha_{CB} = \arctan\left(\frac{Y_B - Y_C}{X_B - X_C}\right)$$

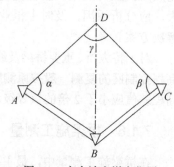

图 7-3 交会法定墩台位置

因此,有

$$\alpha = \alpha_{AB} - \alpha_{AD}$$
$$\beta = \alpha_{CD} - \alpha_{CB}$$

在 A、C 两点上架设经纬仪(或全站仪),分别自 AB、CB 测设出 α 及 β 角,两个方向的交点即为 D 点的位置。

为了检核精度及避免错误,通常都用三个方向交会。由于测量误差的影响,三个方向不会交于一点,而形成一个三角形,这个三角形称为示误三角形。示误三角形的最大边长,在施工墩台下部时不应大于 25mm,上部时不应大于 15mm。如果在限差范围内,则将交会点 D 投影至桥轴线上,作为墩中心的点位。

(二) 曲线桥的墩台定位

曲线桥墩台的测设与直线桥大致相同,也要先测设出线路中线上的主要控制点,以作为墩台位置测设及检核的依据。在测设出主要控制点后,经检核无误后,即可据以进行墩台中心的测设,根据条件可采用长弦偏角法、极坐标法和交会法。

1. 长弦偏角法

在主要控制点(曲线主点,如 ZY 或 ZH)架设仪器时,宜采用此方法。根据墩台中心坐标反算置镜点至测设墩台中心的弦长与切线夹角测设墩台中心位置,这种方法称为长弦偏角法。从某一控制点开始,逐一测设出角度和距离,即直接定出各墩台中心位置,最后再复核到另一个控制点上,以检核测设精度。此种方法因各点是独立测设的,不受前一点放样误差的影响。在某一点发生错误或误差较大时不易发现,因此一定要对各墩台中心距进行检核。

2. 极坐标法

已知桥位控制网中两个互相通视的控制点 A、B 和墩中心位置 C 点的坐标,计算出方向 AC 和 AB 的夹角 β 及线段 AC 的长度 S,以此为放样元素,这种放样方法称为极坐标法。

如图 7-4 所示,已知桥位控制网中的控制点 A、B,且 A 点的坐标为 (X_A, Y_A), B 点的坐标为 (X_B, Y_B),桥墩中心位置 C 的坐标为 (X_C, Y_C)。假设在 A 点设站,以 B 点为后视点,要放样某桥墩的中心位置 C,先计算放样元素 β 和 S。

$$S = \sqrt{(X_C - X_A)^2 + (Y_C - Y_A)^2}$$

$$\beta = \alpha_{AB} - \alpha_{AC} = \arctan\left(\frac{Y_B - Y_A}{X_B - X_A}\right) - \arctan\left(\frac{Y_C - Y_A}{X_C - X_A}\right)$$

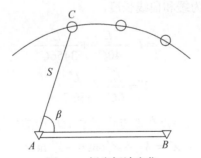

图 7-4 极坐标法定位

在 A 点设站,望远镜瞄准 B 点,固定全站仪照准部,读取水平读盘初值或水平读盘置零,然后将照准部向桥墩方向转动 β 角,固定照准部。将反光镜置于视线方向上,放样水平距离 S,需要多次移动反光棱镜,直至符合要求。该点即为桥墩中心位置 C。打入木桩后,在桩面上标出方向线,将棱镜立在方向线上,精确定位,并钉一小铁钉。

在全站仪普及的今天,极坐标法放样桥梁墩台中心位置,计算简单,精度高,已成为桥梁施工放样的普遍方法。只要知道待放样点的坐标,在通视情况良好的情况下,即可非常方便地放样出该点。

3. 交会法

当墩台位于水中时，无法架设仪器，宜采用此方法。

由于这种方法是利用控制网点进行交会墩位，故墩位坐标必须与控制点的坐标系一致，才能进行交会数据的计算。如果两者不一致时，需要先进行坐标转换。

(三) 墩台中心坐标计算

随着社会的发展，测量仪器也在不断的更新换代，极坐标法越来越普遍地应用于桥梁施工测量领域。极坐标法放样墩台中心坐标计算如下：

1. 桥墩位于直线上

直线段起点桩号 l_Q，坐标 (X_Q, Y_Q)，直线段坐标方位角 α，直线上一点 l_i 的坐标 (X_i, Y_i) 的计算公式为

$$X_i = X_Q + (l_i - l_Q) \times \cos\alpha$$
$$Y_i = Y_Q + (l_i - l_Q) \times \sin\alpha$$

也可采用下列公式计算：

$$X_i = X_{ZH} + (l_{ZH} - l_i) \times \cos(\alpha + 180°)$$
$$Y_i = Y_{ZH} + (l_{ZH} - l_i) \times \sin(\alpha + 180°)$$

2. 桥梁墩台位于缓和曲线上

在以缓和曲线起点桩号 l_Q，坐标 (X_Q, Y_Q) 坐标原点，起点切线(切线坐标方位角 α) 为 x 轴，垂线为 y 轴的直角坐标系 $x'O'y'$ 中，曲线上一点 i (桩号为 l_i) 的切线正支距坐标 (X'_i, Y'_i) 可由下式求得，即：

$$L = |l_i - l_Q|$$
$$C = Rl$$

式中：R 为圆曲线半径；L 为缓和曲线长度。

$$X'_i = L - \frac{L^5}{40C^2} + \frac{L^9}{3456C^4}$$
$$Y'_i = \frac{L^8}{6C} - \frac{L^7}{336C^3}$$

再通过坐标平移和旋转计算出该点在地方坐标系 xOy 中的坐标 (X_i, Y_i) 为

$$X_i = X_Q + X'_i \cos\alpha - Y'_i \sin\alpha$$
$$Y_i = Y_Q + X'_i \sin\alpha + Y'_i \cos\alpha$$

当起点为 ZH 点时，(X_Q, Y_Q) 为 ZH 点坐标，l_Q 为 ZH 点里程，左偏时，将 $Y'_i = -Y'_i$ 代入。
当起点为 HZ 点时，(X_Q, Y_Q) 为 HZ 点坐标，l_Q 为 HZ 点里程，右偏时，将 $Y'_i = -Y'_i$ 代入。

3. 桥梁墩台位于圆曲线上

当桥梁墩台位于圆曲线上时，圆曲线半径为 R，起点里程为 l_Q，起点坐标为 (X_Q, Y_Q)，起点的切线方位角为 α，曲线上一点 i (桩号)的坐标可用下式直接求得：

$$L = |l_i - l_Q|$$

$$S = 2R\sin\frac{1}{2R}$$

$$\alpha_i = \alpha \pm i = \alpha \pm \frac{L \times 180°}{2\pi R}$$

$$X_i = X_Q + S \times \cos\alpha_i$$

$$Y_i = Y_Q + S \times \sin\alpha_i$$

式中：i 的"±"号，左偏时取"−"，右偏时取"+"。

【例 7.1】 某大桥平面位于半径为 2000m、缓和曲线为 250m 的右偏曲线上，线路交点里程为 K7+025.271，坐标为(70183.437，7298.688)，偏角为 42°46′15.6″，起始边方位角 $\alpha=188°38′3.6″$，切线长 $T=908.701$m，求直线上(K5+820)、缓和曲线上(K6+140)、圆曲线上(K6+435)各点的中线坐标。

解：

(1) 计算各主点里程及坐标。

直缓点里程：K7 + 025.271 − 908.701 = K6 + 116.57

缓圆点里程：K6 + 116.57 + 250 = K6 + 366.57

圆缓点里程：K7 + 025.271 + 908.701 − 250 = K7 + 609.056

缓直点里程：K7 + 025.271 + 908.701 = K7 + 859.56

$$X_{ZH} = 70183.437 + 908.701 \times \cos(188°38′3.6″ + 180°) = 71081.839\,\text{m}$$

$$Y_{ZH} = 7298.688 + 908.701 \times \sin(188°38′3.6″ + 180°) = 7435.109\,\text{m}$$

$$X_{HZ} = 70183.437 + 908.701 \times \cos(188°38′3.6″ + 42°46′15.6″) = 69616.583\,\text{m}$$

$$Y_{HZ} = 7298.688 + 908.701 \times \sin(188°38′3.6″ + 42°46′15.6″) = 6588.467\,\text{m}$$

(2) 计算待求点坐标。

直线上(K5+820)处坐标：

$$X = X_{ZH} + (l_{ZH} - l_i) \times \cos(\alpha + 180°) \times 71081.839 + (6116.57 - 5820) \times \cos(188°38′3.6″ + 180°)$$
$$= 71375.048\,\text{m}$$

$$Y = Y_{ZH} + (l_{ZH} - l_i) \times \sin(\alpha + 180°) = 7435.109 + (6116.57 - 5820) \times \sin(188°38′3.6″ + 180°)$$
$$= 7479.632\,\text{m}$$

缓和曲线上(K6+140)处坐标：

$$L = |l_i - l_Q| = 6140 - 6116.57 = 23.43\,\text{m}$$

$$C = Rl = 2000 \times 250 = 5 \times 10^5\,\text{m}$$

$$X_i' = L - \frac{L^5}{40C^2} + \frac{L^9}{3456C^4} = 23.430\,\text{m}$$

$$Y_i' = \frac{L^3}{6C} - \frac{L^7}{336C^3} = 0.004\,\text{m}$$

$$X_i = X_Q + X_i'\cos\alpha - Y_i'\sin\alpha = 71058.678\,\text{m}$$

97

$$Y_i = Y_Q + X'_i \sin\alpha + Y'_i \cos\alpha = 7431.587\text{m}$$

依据以上方法，可算出

$$X_{HZ} = 70835.551\text{m}$$
$$Y_{HZ} = 7392.444\text{m}$$

圆曲线上(K6+435)处坐标：

$$L = |l_i - l_Q| = 6435 - 6366.57 = 68.43\text{m}$$

$$S = 2R\sin\left(\frac{L}{2R}\right) = 2 \times 2000 \times \sin\left(\frac{68.43}{2 \times 2000}\right) = 68.427\text{m}$$

$$\alpha_i = \alpha \pm \frac{L \times 180°}{2R \times \pi} = 192°12'55.1'' + \frac{68.43 \times 180°}{2 \times 2000 \times 3.14159265} = 193°11'43.7''$$

$$X_i = X_Q + S \times \cos\alpha_i = 70835.551 + 68.427 \times \cos 193°11'43.7'' = 70768.931\text{m}$$

$$Y_i = Y_Q + S \times \sin\alpha_i = 7392.444 + 68.427 \times \sin 193°11'43.7'' = 7376.824\text{m}$$

(四) 墩台纵横轴线测设

为了进行墩台施工的细部放样，需要对其纵横轴线进行测设。在直线上，纵横线指过墩台中心平行于线路方向的轴线；曲线上是过墩台中心与该点切线方向平行的轴线。而横轴线即是过墩台中心与纵轴垂直的轴线(斜交桥横轴线则为与其纵轴线垂直方向成斜交角度)。

如图 7-5 所示，公路直线桥墩台纵轴线与桥轴线相重合，在横轴线测设时，只需要在墩台中心架设仪器，自纵轴线方向测设 90°角或 90°减斜交角度，即为横轴线方向。

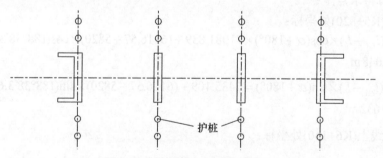

图 7-5 直线桥墩台纵横轴线图(一)

在曲线桥的墩台纵轴线测设时，由于相邻墩台中心曲线长度为 l，曲线半径为 R，则：

$$\frac{\alpha}{2} = \frac{l}{2R} \times \frac{180°}{\pi}$$

如图 7-6 所示，测设时，需在墩台中心架设仪器，照准相邻的墩台中心，测设角度 $\alpha/2$ 角，即为纵轴线方向，横轴线与直线桥墩测设方法一致。

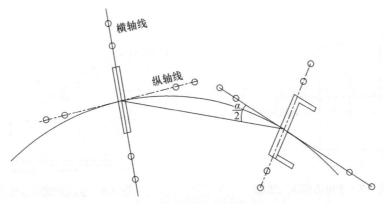

图 7-6 曲线桥墩台纵横轴线图(二)

在施工过程中,墩台中心定位桩往往会被破坏,但施工中又经常需要恢复,因此在施工范围内就需要钉设护桩,依此来恢复墩台中心位置。在水中的桥墩,由于不能架设仪器,也不能钉设护桩,所以暂不测设轴线,待筑岛、围堰或沉井露出水面以后,再利用它们钉设护桩,准确地测设出墩台中心及纵横轴线。护桩就是在其纵横轴线上,于两侧不被干扰的位置各钉不少于 2 根的木桩,为了防止被破坏,可以多钉几根木桩。由于在曲线上,护桩纵横交错,极易混淆,这就需要对其进行编号,将其注明在木桩上。

(五) 明挖基础施工测量

明挖基础是桥墩台基础常用的一种形式,即在墩台位置处先挖一基坑,挖至基底设计高程后,将坑底整平后,在基坑内砌筑或灌注混凝土基础及墩台身,当基础及墩台身露出地面后,再用土回填基坑。

在进行基坑开挖边线放样时,如图 7-7 所示,首先钉出墩台,根据纵横轴线护桩,在实地交出十字线,根据基坑的长度和宽度(应考虑预留 0.3~0.5m 立模及支撑宽度)放出 A、B、C、D 角桩,撒白灰线即可。

在平坦地形,依照此方法即可放样出基坑边界线,然而在桥梁施工中,往往难免会遇到倾斜地面和开挖深度较大,坑边要设一定的坡度,放样基坑边界线可采用试探法放样,根据坑底与原地面的高差及坑壁坡度计算开挖边界线与坑边的距离,而坑边至纵横轴线的距离已知,可根据图 7-8 所示的关系,按下列公式即可求出墩台中心至开挖边界线的距离 D:

$$D = \frac{B}{2} + H \times m$$

式中:D 为坑底的长度或宽度;H 为原地面与坑底的高差;m 为坑壁坡度系数的分母项。

在地面上测设出开挖边界线后,根据角桩撒白灰线,依据灰线进行基坑开挖。当基坑开挖到设计高程后,将坑底整平,进行基础及墩台身的立模放样时,应将经纬仪架设在轴线上较远的一个护桩上,以另一个护桩定向,这时经纬仪的视线方向即为轴线方向。模板安装时,使模板中心线与视线重合即可。当模板的位置在地面下较深时,可以利用基坑两边设两个轴线控制桩,两点拉线绳及用垂球来指挥模板的安装。

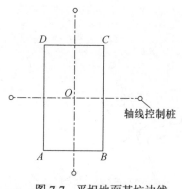
图 7-7 平坦地面基坑边线

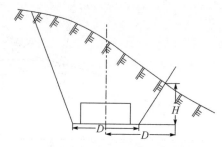
图 7-8 基坑开挖边线放样

(六) 桩基础施工测量

桩基础是桥梁墩台基础常用的一种形式，其测量工作主要有：测设桩基础中心位置、纵横轴线桩测设，护筒定位测量、测定桩的倾斜度和深度等。

1. 桩基中心测设

各桩中心位置的测设则是以桥墩台纵横轴线为坐标轴，用支距法测设，如图 7-9 所示。

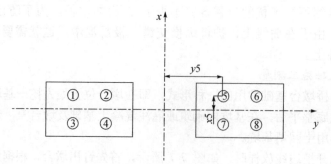
图 7-9 支距法放样钻孔中心

如果全桥采用的是统一的大地坐标系(独立坐标系)计算出的各桩位中心位置坐标，就可以利用全站仪直接在桥位导线控制点或任意点置镜，采用极坐标法放样出各桩中心位置。

2. 轴线护桩测设

桩基础纵横轴线可按第 6 章所述的方法进行测设。

3. 护筒定位

护筒根据实际情况，采用砖护筒或钢板护筒。护筒中心应与桩中心位于同一垂线，如图 7-10 所示。

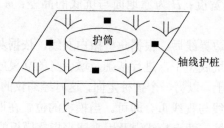
图 7-10 轴线桩测设及护筒定位

4. 孔深与桩倾斜度测量

钻孔桩或挖孔桩的深度用一定重量的测锤和校验过的测绳测定。在钻孔过程中测定钻杆的倾斜度，用以测定孔的倾斜度，或利用钻机上的调整设备进行校正，使孔的倾斜度不超过施工规范要求。

在桩基础灌注完成后，放样承台开挖边线，方法与明挖基础相同，弹墨线开挖至承台底高程，在桩上用红油漆标出桩顶设计高程位置，凿去上部废桩，对每个桩的中心位置应进行重新测定，并检查桩位误差，作为竣工资料，然后平整基底，放样墩台中心及角桩，弹出墨线，以便立模。

(七) 墩台身平面位置和高程放样

1. 墩台身平面位置放样

当基础浇筑好后，就应对墩台身进行施工放样。墩台身的放样，还是要以纵横轴线为依据，首先应在其基础顶面或每一节段顶面上测设出墩台身的中心位置及纵横轴线以作为下一阶段立模的依据。根据纵横轴线及中心位置用墨斗弹出立模边线，立模时，在模板外侧需先画出墩台中心线，然后在纵横轴线的护桩上架设经纬仪，照准该轴线上另一护桩，用该方向线调整模板的位置。

2. 高程放样

墩台高程放样就是将桥墩台的高度控制在设计高度。常用的水准测量操作简单，速度快。但在桥梁施工中，由于墩台基础或顶部与水准点之间高差较大，用其方法传递高程极为不便。因此，在桥梁施工中，除了用水准测量方法外，还常常用三角高程、垂吊钢尺等方法。下面就水准测量法和垂吊钢尺法作以说明，三角测量不再详述。

1) 水准测量

水准测量就是从一个水准点测至另一个水准点进行附合(闭合)测量。水准测量放样就是在其墩台上测设出已知高程，用以施工。已知控制点 A 高程 H_A，要测设帽梁底板(或托盘) B 点高程 H_B，需按以下方法进行：

(1) 在控制点与桥墩位大致中间位置架设水准仪；

(2) 在控制点 A 立水准尺，读后视读数 a；

(3) 根据以下公式求出放样数据(后视读数)：

$$b = H_A + a - H_B$$

(4) 在桥墩间上下移动水准尺直至读数为 b(前视读数)为止，如图 7-11 所示。

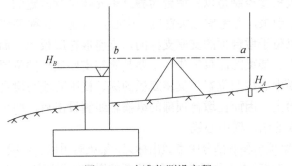

图 7-11 水准仪测设高程

为了提高放样速度，常在桥墩某位置先画好标记，测出其高程，再计算出 B 点的高程，然后用钢尺量出距离即可。

当桥墩较高时，可采用倒尺进行高程放样。特别注意的是在高程计算时，是加前视读数。

2) 垂吊钢尺法

当桥墩施工到一定高度时，水准测量就无法将高程传递至工作面，而工作面上架设棱镜又不方便时，可用检定过的钢尺进行垂吊测量。

如图 7-12 所示，用钢尺进行垂吊测量时，在工作面边缘垂吊一定质量的重物，零刻度朝下，在钢尺静止时，在工作面边缘读取钢尺读数 c，在某一水准点与桥墩中间适当位置架设水准仪，用水准测量的方法在水准点上立一水准尺，后视读数为 a，在钢尺上前视读数为 b，则工作面边缘的高程为

$$H_B = H_A + a - b + c$$

注：上式未对钢尺进行改正，在计算时应对其进行改正。

垂吊钢尺法测量高程，在桥梁施工中，不失为一种传递高程的好方法，如图 7-12 所示。至于选择哪种方法，则根据现场的实际情况而定。

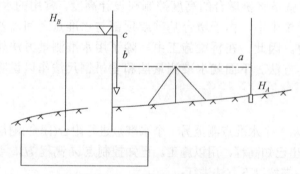

图 7-12 垂吊钢尺传递高程

(八) 梁体架设的测量工作

梁体架设是建造桥梁的最后一道工序。桥梁上部结构较为复杂，对其墩台方向、跨距、尺寸及高程都需要以较高的精度进行测量。施工时采取的控制方法，应根据桥梁结构而定。

墩台施工时相关精度控制是以各墩台为独立单元体进行测定的，而梁体架设时则需要将其相邻墩台联系起来，并考虑相关精度，中心点距离及高程等都应符合设计要求。

梁体的两端是以位于墩台顶的支座支撑的，支座放在底板上，而底板则用螺栓固定在墩台的支撑垫石上。架梁的测量工作，主要是测定支座底板的位置，测设时要先测设出支座底板的纵、横中心线的位置。支座底板的纵、横中心线与墩台纵横轴线的位置关系在设计图上已经给出。因而在墩台顶部的纵横轴线测设出后，即可根据它们的相互关系，测设出支座底板的纵、横中心线。

在架设前，应在梁顶部和底部分中点做出标记，架梁时用以测量梁体中心线与支座中心线的偏差值。在梁体安装基本到位后，应通过不断的微调以保证梁体的平面位置精确。

7.2 涵洞施工测量

7.2.1 概述

涵洞属于小型公路构造物，虽然在工程总造价中，其所占比例很小，但涵洞施工质量的好坏，直接影响到公路工程的整体质量及使用性能，以及周围农田的灌溉、排水。进行涵洞施工测量时，利用路线勘测时建立的控制点就可以进行，不需另建施工控制网。

涵洞的种类很多，按建筑材料可分为砖涵、石涵、混凝土涵、钢筋混凝土涵、木涵、陶瓷管涵、缸瓦管涵等；按构造形式可分为圆管涵(图7-13)、盖板涵(图7-14)、拱涵、箱涵(图7-15)等；按断面形式可分为圆形涵、卵形涵、拱形涵、梯形涵、矩形涵等；按孔数可分为单孔、双孔和多孔；按有无覆土可分为明涵和暗涵；按涵身轴线与路线中线的夹角可分为正交涵与斜交涵；按涵洞进出口有无水头压力又可分为无压力式涵、半压力式涵和压力式涵。

图7-13 圆管涵

图7-14 盖板涵

图7-15 箱涵

结合设计图纸及相关要求，涵洞施工测量的主要任务如下：
(1) 控制涵洞基础位置及其轴线方向。
(2) 控制涵洞基础深度、各结构面标高、涵洞顶面高程。

涵洞施工测量顺序如下：
(1) 进行涵洞基础位置及主轴线放样。
(2) 实测主轴线起点、中点、终点及基础实地高程，根据基础的设计标高，计算下挖深度，指导基础下挖作业。

(3) 随着施工进度，继续控制主轴线方向和砌体结构面高程。

7.2.2 收集并掌握施工设计图纸

根据涵洞设计图纸，获取如下信息：

(1) 涵洞的中心里程桩号，即涵洞的位置：涵洞主轴线与公路线路中线交点的里程桩号。

(2) 涵洞主轴线方向：公路线路中线与主轴线的夹角方向线，依据地形条件，主轴线和路线中线夹角有正交和斜交两种情况。

(3) 涵洞长度：自涵洞主轴线与公路中线交点至左、右两侧涵洞口的距离。

(4) 涵洞各结构面高程与路面设计高程应为同一高程系统。

7.2.3 在涵洞附近增设施工控制点

实践作业中，涵洞基础一般要下挖一定深度，这为基础轴线放样带来很大不便，为了方便施工放样，保证放样精度，应在涵洞附近适宜处增设施工导线点和施工水准点，通常是两点合一，即该控制点既有坐标又有高程。

施工导线点可采用支导线法测设，施工水准点可采用复测支水准路线，如附近有另一已知水准点最好采用附合水准路线测设。增设施工控制点的数量，要结合施工实际，一般宜布设三点，除用作放样外，还要保证进行相互检核，以避免放样错误，保证质量。对所布设的施工控制点应用混凝土加固，并妥善保护。

7.2.4 涵洞施工放样数据的准备

(一) 搜集计算涵洞施工放样数据的依据

搜集计算涵洞施工放样数据的依据包括：

(1) 涵洞立面图(纵断面设计图)、平面图等构造图。

(2) 涵洞所在的直线、曲线转角表。

从涵洞纵断面图上可获取如下资料：

(1) 涵洞长度、各部分纵向关系等。

(2) 涵洞主轴线与公路中线交点的里程桩号。

(3)涵洞各结构层面的设计标高。

从涵洞横断面图上可获取如下资料：

(1) 涵洞主轴线与公路中线夹角。

(2) 涵洞各部分横向长度。

从直线、曲线转角表可获取涵洞所在段附近的交点元素，为计算涵洞各放样点坐标提供起算数据。

(二) 涵洞平面位置放样数据的准备

由于目前测绘仪器的飞速发展，全站仪、GPS已大量应用于施工现场，因此对于涵洞等构造物，只要依据涵洞主轴线与公路中线的交点设计里程桩号，以及涵洞主轴线与公路中线的夹角，并根据其附近交点的要素，如交点里程桩号、交点坐标、交点转角、交点处曲线半径、交点前方直线方位角等，即可计算出主轴线与公路中线交点的坐标，以及主轴线左右两端点的坐标，进而就可将设计图上的涵洞测设到实地。

【例 7.2】 涵洞平面位置放样数据的计算步骤。

(1) 绘制放样草图，图中标出涵洞中点里程桩号，中点至左、右端点距离，涵洞轴线与公路中线夹角，施工导线点坐标，施工水准点高程，起算交点有关元素等。

(2) 在草图上对涵洞放样点进行编号，如图 7-16 所示，图(a)中编号 1、3 为轴线上八字口外边缘，2 为轴线中点；图(b)中 1、3 为八字口外边缘，2 为轴线中点；4、5、6、7 为基础外边缘，从"涵洞正断面图"可知基础边缘至轴线为 3.2m。

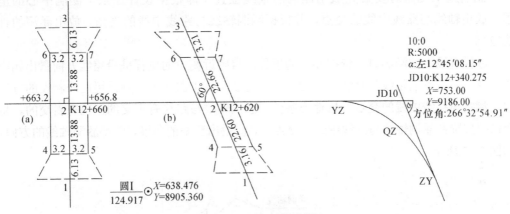

图 7-16 涵洞放样草图
(a) 盖板涵；(b) 圆管涵。

(3) 计算放样点坐标，成果如表 7-2 所示。

表 7-2 涵洞放样数据表

工程名称	放样点号	x	y	示意图
K12+620	3	685.285	8897.260	
圆管涵	2	666.383	8914.923	
	1	647.957	8932.142	
K12+660	1	637.733	8880.672	
盖板涵	2	657.188	8875.994	
	3	676.644	8871.317	
	4	642.946	8876.136	
	5	644.438	8882.342	
	6	699.933	8869.630	
	7	671.433	8875.870	

7.2.5 涵洞施工测量的实施

涵洞施工放样的主要内容包括：
(1) 在实地测设涵洞中点、两端点的位置，即标定涵洞主轴线。
(2) 实测涵洞中点、两端点实地高程，计算下挖深度，指导基础开挖。
(3) 涵洞砌筑过程中，控制砌体方向及设计高程。

涵洞施工测量时要首先放出涵洞的轴线位置，即根据设计图纸上涵洞中心的里程，放出轴线与路线中线的交点，并根据涵洞轴线与路线中线的夹角，放出涵洞的轴线方向。

放样直线上的涵洞时，依据涵洞的里程，自附近测设的里程桩沿路线方向量出相应的距离，即得涵洞轴线与路线中线的交点，若涵洞位于曲线上，则采用曲线测设的方法定出涵洞与路线中线的交点。依地形条件，涵洞轴线与路线有正交的，也有斜交的。将全站仪安置在涵洞轴线与路线中线的交点上，测设出已知的角度，即得涵洞轴线的方向，如图 7-17 所示。

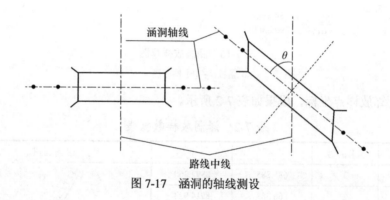

图 7-17 涵洞的轴线测设

在路线两侧涵洞的施工范围以外，将涵洞轴线用大木桩标定在地面上，每侧 2 个。自涵洞轴线与路线中线的交点处沿涵洞轴线方向量出上、下游的涵长，即得涵洞口的位置，涵洞口要用小木桩标识出来。

涵洞基础及基坑的边线根据涵洞的轴线测设，在基础轮廓线的转折处都要钉设木桩，如图 7-18(a)所示。为了开挖基础，还要根据开挖深度及土质情况定出基坑的开挖界线，即所谓的边坡线。在开挖基坑时很多桩都要挖掉，所以通常都在离基础边坡线 1~1.5m 处设立龙门板，然后将基础及基坑的边线用线绳及垂球投放在龙门板上，并用小钉加以标志。当基坑挖好后，再根据龙门板上的标志将基础边线投放到坑底，作为砌筑基础的根据，如图 7-18(b)所示。在基础砌筑完毕，安装管节或砌筑墩台身及端墙时，各个细部的放样仍以涵洞的轴线作为放样的依据，即自轴线及其与路线中线的交点，量出各有关的尺寸。

涵洞细部的高程放样，一般是利用附近的水准点用水准测量的方法进行。

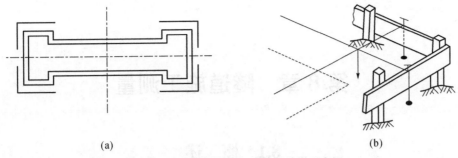

图 7-18 涵洞基础及基坑的边线放样示意图

　　涵洞施工测量的精度要比桥梁施工测量的精度低，在平面放样时，应控制涵洞的长度，保证涵洞轴线与公路轴线保持设计的角度；在高程控制放样时，要控制洞底与上、下游的衔接，保证水流顺畅。对于人行通道或机动车通道，保证洞底纵坡与设计图纸一致，不积水即可。

第8章 隧道施工测量

8.1 概 述

隧道是公路工程的组成部分。按所在平面位置(直线或曲线)及洞身长度,隧道可分为特长隧道、长隧道、中隧道和短隧道。如直线形隧道,长度在3000m以上的,属于特长隧道;长度在 1000~3000m,属于长隧道;长度在 500~1000m,属于中隧道;长度在500m以下的,属于短隧道。同等级的曲线隧道,其长度界限为直线形隧道的一半。

隧道施工不同于桥梁,它除了造价高、施工难度大以外,在施工测量上也有许多不同之处。隧道施工控制网分为地面控制和地下控制两部分。地面控制部分确定洞口的相对位置,并传递进洞方向;地下控制部分确定掘进方向。一般地,隧道施工需要从两个相对洞口同时掘进。较长的隧道需要从竖井或侧向的通道开辟若干个工作面同时进行施工。隧道工程高昂的造价和现代快速掘进技术,要求使多向掘进在贯通面上不需做任何修正,这对施工控制测量的精度提出了较高的要求。提高施工控制测量的精度,除了对测量工具有较高的要求外,对测量手段同样有较高的要求。

隧道施工控制网的布设形式,取决于隧道的形状、施工方法以及地形情况。地形简单处的直线隧道,通常只需敷设地表导线,足以控制隧道的贯通。较长的直线隧道,一般敷设单三角锁。曲线隧道通常采用中点多边形或环形三角锁作为控制网。布设隧道施工控制网时,应将洞口和井口的控制点作为三角点,或将隧道上每两个相邻的掘进口布设在三角形的同一条边上,以减少地下控制测量定向误差对贯通的影响。当三角网中三角形个数较多时,应有较多的多余观测值来增强图形的检核功能。

敷设隧道施工控制网,首先应对隧道所处位置和公路导线控制点有详细的了解,并仔细研究隧道的施工方案,实地勘察洞口、竖(斜)井、横洞位置,然后确定控制网的图形,实地选择三角点位置。控制网中三角形尽量布设成等边三角形,当条件困难时,也应使三角形的内角在 30°~120°之间。三角点应布设在视线开阔、便于观测处。对不能布设三角点的洞口、竖(斜)井、横洞口处,应布设交会点,同时需有两个以上方向和三角点通视。为减少仪器视准轴误差变化的影响,各三角点之间的竖直角变化不宜过大。为避免折光的影响,视线在竖井上至少高出障碍物1.5m,在横向上至少偏离障碍物1.0m。同时要充分考虑到施工对测量的影响。

8.2 地面控制测量

地面控制测量的目的是,在各个掘进洞口投点并传递方向。根据隧道长度和地形情况,地面控制测量通常有以下几种方法。

(一) 中线法

对于较短的隧道，完全可以采用中线法进行地面控制测量。所谓中线法，就是将隧道的平面中心在地表放样出来，作为施工控制点。隧道两端洞口控制点应距离洞口 50m 左右，以免在施工时遭到破坏，同时不受施工干扰。

如图 8-1 所示，因受通视条件限制，在路线控制点 I、J 上用极坐标法只能放样出隧道中线上的 A、B、C、D 点。A 和 B 通视，C 和 D 通视，然后在 A 点和 C 点设站，后视 B 点和 D 点，放样出中线上 1、2 等各点。若中线是直线，用正倒镜法放样；若中线是曲线，则用偏角法放样。当受到通视条件限制时，可逐次搬站，放样出中线上其他点。需要注意的是，各线段的水平距离应大致相等，千万不可后视短边放样长边，以避免中线偏移。

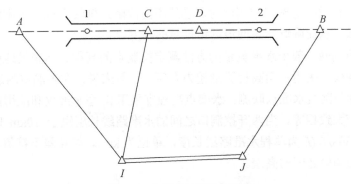

图 8-1 中线法地面控制测量

(二) 导线法

当地形有利时，可将隧道施工控制网布设成导线。导线两端应附合到导线控制点上，使导线组成一个闭合环，增强检核功能，如图 8-2 所示。

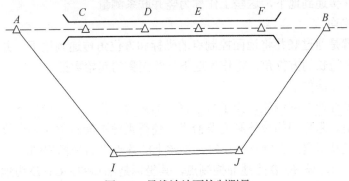

图 8-2 导线法地面控制测量

因为直伸导线由边长所引起的横向贯通误差最小，所以，直线隧道应尽量沿中线布设导线点。若受条件限制，导线点可偏离中线，但不宜太远。导线点的选择，以尽量减少测量误差对贯通误差的影响，便于连接洞口投点的原则。

(三) 三角网法

对长隧道或曲线隧道及上下行隧道的施工控制网，以布设三角锁为宜(如图 8-3 所示)。布设三角网时，先根据隧道平面图拟定三角网，然后实地选点，用三角测量的方法建立隧道施工控制网。

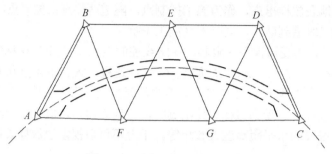

图 8-3　三角网法地面控制测量

用三角网法布设隧道施工控制网时，基线不应离隧道轴线太远，否则将增加三角网中三角形的个数，从而降低三角网最远边推算的精度。

隧道施工控制网一般用水准测量的方法测定控制点的高程。当布设地面导线时，因要使用观点测距仪，采用三角高程测量较为方便。一般来说，在各洞口附近，应设 2 个以上水准点，并与路线水准点联测。水准点高程宜采用 S_3 型水准仪和配用区格水准尺施测，前后视距应大致相等。当两开挖洞口之间的水准路线长度短于 10km 时，容许高程不符值 $\Delta h \leqslant \pm 30\sqrt{L}$（$L$ 为单程水准路线长度，单位为 km）。如高差不符值在限差以内，取其平均值作为测段之间的高差。

8.3　竖井联系测量

在隧道施工中，常用竖井在隧道中间增加掘进工作面，从多向同时掘进，可以缩短贯通段的长度，提高施工进度。为保证隧道的正确贯通，必须将地面控制网中的坐标和高程，通过竖井传递到地下，这些工作称为竖井联系测量。

(一) 竖井定向

竖井定向就是通过竖井将地面控制点的坐标和方位角传递到地下，井口附近的地下导线点的坐标和边长的方位角，将作为地下导线测量的起始数据。

竖井定向的方法如下：

在竖井中悬挂两根细钢丝，为了减小钢丝的振幅，需将挂在钢丝下边的重锤浸在液体中以获得阻尼。阻尼用的液体黏度要恰当，使得重锤不能滞留在某个位置，也不因为黏度小而振幅衰减缓慢。当钢丝静止时，钢丝上的各点平面坐标相同。

如图 8-4 所示，设 A、B 为地面控制点，其坐标是已知的，C、D 为地下控制点。测量时，在地面测量 $\triangle BO_1BO_2$ 三边的边长 a、b、c，并在 B 点测量 AB 与 O_1B 的夹角 δ 和 O_1B 与 O_2B 的夹角 α，同时，井下测量 $\triangle CO_1BO_2$ 三边的边长 a'、b'、c'，并在 C 点测量 CD 与 O_2C 的夹角 δ' 和 O_1C 与 O_2C 的夹角 α'。计算时，先求出 β 和 β'，由正弦定理得

$$\beta = \arcsin(b \times \sin\alpha / a)$$

$$\beta' = \arcsin(b' \times \sin\alpha' / a')$$

然后按照 $A \to B \to O_2 \to O_1 \to C \to D$ 路线推算方位角和各点坐标。

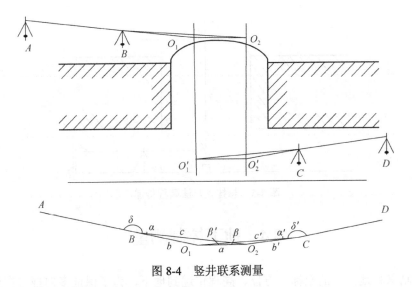

图 8-4 竖井联系测量

竖井定向要求以很高的精度传递方位角。在推算方位角时，β 和 β' 是经过计算得到的，α 和 α' 是实测的，因此，要保证的是 β 和 β' 的精度。当 α 和 β 都很小时，有

$$\beta = \alpha \times b/a$$

对上式进行微分、化为中误差的形式，整理得

$$m_{\beta_1} = m_\alpha \times \beta/\alpha = m_\alpha \times b/a$$

由此可见，要减小测角误差 m_α 对 β 的影响，应使 b 与 a 的比值尽量小。在场地许可时，b 可尽量短，但不得小于经纬仪望远镜的最小视线长度。a 的大小取决于竖井直径。当竖井直径大于 5m 时，可得 b 和 a 近似相等，这时，m_β 与 m_α 也近似相等。

为了减小量距误差对推算角 β 的影响，在布设图形时，应尽量使 β 角小些。这就使得联测三角形的三个顶点近似在一条直线上。

(二) 高程传递

对隧道内建筑物的高度进行控制，必须将地面水准点的高程传递到洞内。竖井传递高程的方法就是悬挂钢尺法。

如图 8-5 所示，在竖井地面洞口搭支撑架，将长钢尺悬挂在支撑架上并自由伸入洞内。钢尺下面悬挂一定质量的垂球，待钢尺稳定时，开始测量。假设在离洞口不远处的水准点立尺，在水准点和洞口之间架设水准仪，分别在水准尺和钢尺上读取中丝读数 a，b；同时，在地下洞口和地下水准点之间架设水准仪，在钢尺和水准尺上读数 c，d，这时，地下水准点与地面水准点之间的高差为

$$\Delta h = (a-b) + (c-d) = (a-d) - (b-c)$$

$(b-c)$ 为上下视线间钢尺的长度，必须加上尺长改正和温度改正。

现代测量仪器越来越先进，在总结过去经验的基础上，测量技术不断更新。例如，光电测距仪的出现，使三角高程测量在高程控制中的应用越来越多，精度也越来越高。竖井联系测量，同样可以用光电测距仪在洞口投点，将地面控制点的三维坐标传递到洞内。对斜井和横洞，则可以布设支导线，用导线测量和水准测量，将地面控制点延伸到洞内。

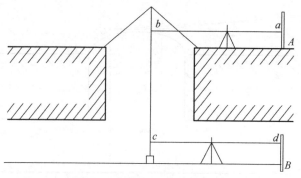

图 8-5 悬挂钢尺法高程传递

8.4 地下控制测量

竖井测量将地面点的坐标、方位、高程传递到地下，为了保证多向掘进在遇合面上的精度，必须利用这些地下控制点，建立地下导线和水准点，以便及时修正隧道中线，控制掘进方向，保证洞内建筑物的施工精度。

对于短隧道，可以用隧道中线放样洞内其他建筑物，这时，地下控制测量就是将隧道中线和水准路线向前延伸。对于长隧道，延伸中线很难满足精度的要求，对洞内中线要进行导线测量，必要时可布设两根导线，对掘进方向发生的偏移及时纠正。

(一) 直线隧道的中线延伸

在隧道两端，可利用洞口控制桩将中线向洞内延伸。在竖井处，利用已知地下控制点，用极坐标法放样出隧道中线上的任意两点 P、Q，P、Q 的间距根据实际情况尽可能大。然后以 PQ 为隧道的中线方向，将它向两端推进，如图 8-6 所示。

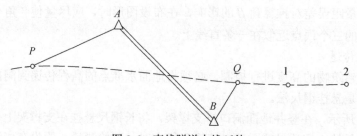

图 8-6 直线隧道中线延伸

由于洞内施工场地狭小，不便在每点设站，这时可用三根花杆在中线上定向，或将中线点转设在洞顶，用吊垂球定向，目测开挖方向。待掘进 30m 左右，并扩大断面后，再用仪器定出下一点。依此类推，使隧道中线逐步延伸。

长隧道的中线延伸后，不但要测量两点间的距离，还要测量相邻两段直线间的水平夹角，按支导线的方法计算各点坐标，检查各点是否偏离中线并进行修正。

(二) 曲线隧道中线的延伸

曲线隧道中线的延伸包括切线支距法、弦线支距法、偏角法等。本书以偏角法为例，叙述曲线隧道中线的延伸。

如图 8-7 所示，先在竖井洞口利用已知地下控制点放样出圆曲线上的两点 A、B，这

两点间的弧长 l 一般在 10m 左右。将圆曲线分成若干段圆弧,每段圆弧的长度称为 L,圆弧所对应的圆心角 θ 和弦长按下式计算:

$$\theta = 180° / (\pi \times R)$$
$$L = 2 \times R \times \sin(\theta/2)$$

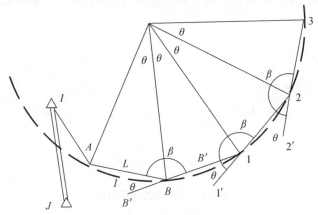

图 8-7　曲线隧道中线延伸

先在 B 点设站,以 A 点为目标,然后将经纬仪照准部向曲线凸起方向旋转 θ 角,固定经纬仪照准部后,在此方向上定出任一点 B',以 $B'B$ 为开挖方向,待开挖长度达到 L 时,可定出点 1。同样,在点 1 设站,以 B 点为目标,然后将经纬仪照准部向曲线凸起方向旋转 θ 角,固定经纬仪照准部后,在此方向上定出任一点 $1'$,以 $1'1$ 为开挖方向,待开挖长度达到 L 时,可定出 2 点。依此类推,将隧道中线向前延伸。

进行导线测量时,依次在各点设站,测量相邻两条弦夹角 β 及弦长,并与已知控制点联测,推算出各点坐标,检查各点是否偏离中线,及时做出修正。

与其他方法相比,偏角法计算步骤少,操作简便。无论采用什么方法,都必须有其他方法来检核,力求多向掘进在贯通时准确无误。

(三) 洞内水准测量

竖井联系测量将地面高程系统传递到洞内,为建立地下水准测量提供了条件。洞内水准测量,一般每隔 50m 左右布设一个固定水准点。为控制洞底和洞顶的开挖标高及满足衬砌放样要求,在两个固定水准点之间,要布设 1~2 个临时水准点。

洞内水准测量要进行往返观测,并满足三、四等水准测量的精度要求。

放样洞顶高程时,在洞底水准点上正立水准尺,依此为后视,在洞顶倒立水准尺,依此为前视方向。后视读数为正,前视读数为负,用常规水准计算方法,计算洞顶高程。

洞内水准点要经常复测检核,及时消除施工造成的影响。

8.5　隧道施工测量

8.5.1　隧(巷)道中线的测设方法

隧(巷)道中线是指隧道水平前进方向,中线方位角由隧道设计给定。

(一) 隧(巷)道开切点与初始掘进方向测设

隧(巷)道掘进自进洞点开始，进洞点即是开切点，进洞点及隧(巷)道的初始掘进方向测设需在洞口控制点基础上进行。其测设步骤为：

(1) 根据进洞点的设计坐标和由控制测量测定的洞口点坐标计算进洞点的测设要素，测设要素包括洞口点水平转角 β 和洞口点至进洞点水平距离 S，如图 8-8 所示。

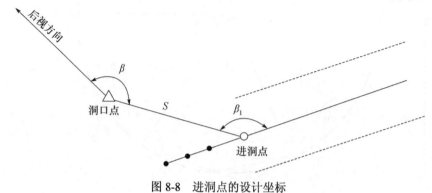

图 8-8　进洞点的设计坐标

(2) 在洞口点架设全站仪或经纬仪，用极坐标法测设洞点，测设应独立进行两次，两次测设结果应相符。

(3) 进洞点测设完成后，应在洞口点上测量转角 β 和水平距 S，将实测结果与设计资料进行比对检核，确保测设准确性。

(4) 进洞点设定后，用进洞点至洞口点连线的方位与进洞点处隧(巷)道中线的设计方位角计算进洞点处的标定角 β_1，在进洞点架设全站仪，后视洞口点，顺时针拨转 β_1 角给出进洞点处隧(巷)道的初始掘进方向，此时因隧道尚未掘进，故将全站仪望远镜倒转给出进洞点处隧(巷)道设计中线的反向延伸线，在反向延伸线上设置 3 个木桩，在木桩上打钉标出掘进方向，并做检桩测量。

(二) 隧(巷)道中线的测设

隧(巷)道中线的测设是保障隧(巷)道按水平设计方向掘进的必要技术措施。隧(巷)道的断面规格以及施工方法对中线测设方法的选择有很大影响，在隧(巷)道每个掘进段，初掘时因掘进现场状况变化频繁，测设的点位常常因施工影响发生变动或被破坏。因此，在中线测设时，一般是先测设临时中线指示隧(巷)道掘进，当隧(巷)道掘进 20m 左右距离时，对临时中线点进行重新标定桩核，符合要求后再测设永久中线。隧(巷)道掘进一段距离后，应及时延伸导线，以对中线进行控制和桩核。

临时中线与永久中线的作用及测设用仪器和精度要求相同，均可用于指导隧(巷)道水平掘进方向和传递里程，同时也是隧(巷)道断面施工中各施工要素水平位置的测设依据。临时中线点在隧(巷)道直线每 30m 左右测设一组点，曲线段每 10～20m 测设一组点；永久中线是在临时中线指导下已掘好的隧(巷)道中测设，同时作为下一段临时中线测设的基础，永久中线点在直线段一般 90～150m 设置一组，曲线段 60～100m 设置一组，每组中线点应不少于 3 个，点间距应大于 2m，如图 8-9 中的 B、1、2、C、1、2 等，永久中线点桩可利用已埋设临时中线桩，隧(巷)道中线点桩一般设置于隧(巷)道顶板。导线延伸测量时，导线点应与合适位置的一组永久中线点中的一个点重合，如 C、1、2 中的 C 点。

1. 直线型隧(巷)道中线测设

直线型隧(巷)道中线测量主要使用经纬仪正倒镜法和激光指向仪导向法。本节介绍经纬仪正倒镜法。

测设的顺序如图 8-9 所示，在开切点 A 处，用与测设进洞点处初始中线相同的方法测设初始中线指示隧(巷)道掘进；掘进 30m 左右，测设一组中线点 B、1、2；再掘进 30m 左右，测设一组中线点 C、1、2。依此类推，每组中线点中最前面的一个点至掘进工作面的距离不应超过 40～50m，以防止隧(巷)道掘偏。

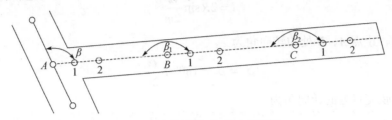

图 8-9 直线型隧(巷)道中线测设

在 B 点处延设新的一组中线点 C、1、2 前，应在 B 点处检查旧的一组中线点是否发生移动，检查证实没有移动，则在 B 点安置仪器，后视 A 点。根据指向角 β_1，直线隧道通常为 180°，采用正倒镜法测设新的一组中线点 C、1、2，考虑仪器误差，正倒镜测设的两点不重合，取其中点作为中线点，之后在检查 C 处的一组中线点基础上延伸测设下一组中线点。

2. 曲线隧(巷)道中线测设

曲线隧(巷)道中线有圆曲线和综合曲线等形式，实际测设曲线隧(巷)道中线时是将曲线用一系列折线代替，用折线配合大样图来指示曲线隧(巷)道掘进。曲线测设有多种方法，本节介绍弦线法、切线支距法和短弦法 3 种方法。

1) 弦线法

弦线法可用全站仪或经纬仪配合钢尺放样。弦线法原理是将中线的曲线部分等分成若干份，也可非等分，如图 8-10 所示，这样曲线就被弦线代替，计算每段曲线对应的弦长和弦线间的转角。然后测设弦线于实地。因弦线非中线，所以在施工时应绘制大样图，用大样图表示弦线两侧隧道开掘的尺寸。大样图使用的比例尺一般为 1∶100 或 1∶50。弦线法测设中线的步骤如下：

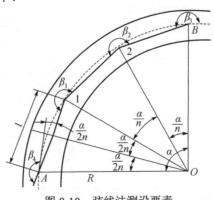

图 8-10 弦线法测设要素

(1) 计算测设要素。

根据曲线半径 R 和隧道上宽之半 S，估算合理弦长 $l \leqslant 2\sqrt{2RS-S^2}$，也可在大样图上确定合理的弦线长度。

在确定合理弦长基础上，计算测设要素。图 8-10 为一曲线隧道，曲线接直线于 A、B 点，半径为 R，中心角为 α，采用等分中心角弦线法计算测设要素。若将中心角 α 分成 n 等份，测设方向为由 A 向 B，以左角测设各弦，测设要素包括各弦长和各点处转角。各弦长为

$$l = 2R\sin\frac{\alpha}{2m}$$

曲线起、止点 A、B 处的转向角为

$$\beta_A = \beta_B = 180° + \frac{\alpha}{2n}$$

中间各弦交点处的转向角为

$$\beta_1 = \beta_2 = 180° + \frac{\alpha}{n}$$

当测设方向为由 B 向 A，各点处转角均小于 180°。曲线起点、终点和中间各点的转向角分别为

$$\beta_A = \beta_B = 180° - \frac{\alpha}{2n}$$

$$\beta_1 = \beta_2 = 180° - \frac{\alpha}{n}$$

(2) 实地测设。

如图 8-11 所示，当隧道掘进到曲线起始点 A 后，先在直线段标出 A 点，然后在 A 点安置全站仪或经纬仪，后视隧道直线段中线点 M，测设转向角 β_A，找出弦 A_1 的方向，此时曲线隧道仅掘进至 A，1 号点无法标定，故将望远镜纵转给出 A_1 的反向延伸线，并在 A_1 反向延伸线上的隧道顶板处标出弦线点 1′ 和 1″，1′、1″ 和 A 构成一组中线点，用于指示 A_1 段隧道掘进方向。当隧道掘至 1 点位置后，再置经纬仪于 1 点，后视 A 点拨转角 β_1 找出 12 方向，同样此时 12 段隧道尚掘出，2 点无法标出，按测设 A_1 的方法，在 12 反向延伸线上标出 2′ 和 2″，2′、2″ 和 1 构成一组中线点，用于指示 12 段隧道掘进方向。照此方法逐次测设各弦，直至曲线隧道终点 B，如图 8-11、图 8-12 所示。

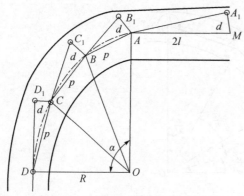

图 8-11 弦线法曲线隧道实地测设

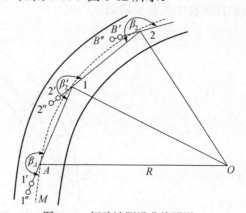

图 8-12 短弦法测设曲线隧道

2) 短弦法

短弦法特点是弦长较短，可用距离交会法测设，如图 8-12 所示。已知圆心角为 α，曲线半径为 R，若测设时取弦的个数为 n，测设要素分别为弦长 l 和支距 d。其计算公式为

$$l = 2R\sin\frac{\alpha}{2n} \quad d = \frac{l^2}{R}$$

测设时，先在直线段中线上标出 A 点，再由 A 点沿中线方向丈量距离 $2l$ 标出 M 点。分别以 A、M 点为圆心，以 $2l$ 和 d 为半径，由距离交会法定出 A_1 点，以 A_1A 指示 AB 段隧道掘进。隧道掘进至 B 点后，沿 A_1A 方向由 A 点丈量弦长 l 标出 B；然后再分别以 A、B 点为圆心，以 l 和 d 为半径，用距离交会法定出 B_1，以 B_1B 指示 BC 段隧道掘进，依此类推。

3) 切线支距法

切线支距法也称直角坐标法。当隧道工程出现综合曲线测设时，可用切线支距法进行综合曲线的缓和曲线段测设，这主要是受地下工程空间条件限制所致。圆曲线段需按前述两种方法测设。

切线支距法测设曲线时需先建立切线支距坐标系，计算曲线上各放样点在该坐标系中的坐标，用切线支距坐标测设各放样点以标定曲线。在如图 8-13 所示缓和曲线上，建立以 ZH 点为原点、切线为 X 轴的坐标系。在该坐标系内，缓和曲线段内任一点 I 的坐标为

$$X_I = l - \frac{l^5}{40R^2 l_0^2} \quad Y_I = \frac{l^3}{6Rl_0} - \frac{l^7}{336R^3 L_0^3}$$

式中，R 为圆曲线半径；l_0 为缓和曲线全长；l 为放样点 I 至 ZH 曲线长。

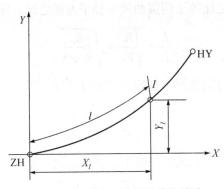

图 8-13 切线支距法测设曲线隧道

当 $l = l_0$ 时，可计算出曲线主点 HY 点的放样坐标：

$$X_0 = l_0 - \frac{l_0^3}{40R^2}$$

$$Y_0 = \frac{l_0^2}{6R}$$

(三) 中线侧移计算和测设

测设双轨隧(巷)道中部导坑中线、侧壁导坑中线、平行导坑中线和当线路中线上遇到溶洞、流砂等不良地质条件时，都需要进行中线平行侧移，以保证隧(巷)道的正常施工。

1. 中线侧移后曲线要素的计算

中线平行侧移后，中线的功能应保持不变。为此，要求平行侧移后的中线与原中线保持下列关系：在直线段严格平行；在圆曲线段按同心圆关系严格平行；在缓和曲线地段近似平行。

如图 8-14 所示，中线侧移后两切线(直线段)平行且间距为 S；两圆曲线为同心圆，原半径 R_1 和侧移后圆曲线半径 R_2 之差为 S，即 $R_2 + R_1 \pm S$，向外侧移时 S 取"+"号，向内侧移时 S 取"−"号；缓和曲线段的切线间距和半径之差均为 S，两曲线的内移距亦必相等，即 $P_1 = P_2$。

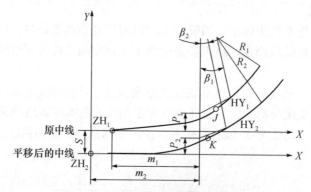

图 8-14 中线侧移后曲线隧道的测设

在两 P 值相等的前提下，两缓和曲线各要素间有如下关系：

(1) 两缓和曲线长度之比等于两圆曲线半径平方根之比。即

$$\frac{l_1}{l_2} = \sqrt{\frac{R_1}{R_2}} = \sqrt{\frac{R_1}{R_1 + S}}$$

(2) 缓和曲线角之比与圆曲线半径的平方根成反比，即

$$\frac{\beta_1}{\beta_2} = \sqrt{\frac{R_2}{R_1}} = \sqrt{\frac{R_1 + S}{R_1}}$$

(3) 切线增长值之比与圆曲线半径的平方根成正比。即

$$\frac{m_1}{m_2} = \sqrt{\frac{R_1}{R_2}} = \sqrt{\frac{R_1}{R_1 + S}}$$

由上述 3 个公式可知，只要已知线路中线的缓和曲线要素、设计半径和平移距，就可以算出侧移中线缓和曲线的要素。

2. 侧移中线的测设

1) 直线

原中线为直线、侧移间距 S 时，可在原中线桩上作中线之垂线，在垂线上测设距离

S 定出侧移中线点。

2) 圆曲线

圆曲线侧移后为同心圆,间距为 S,同一圆心角所对应的弧长有下列关系

$$C_2 = \frac{R_2 C_1}{R_1}$$

式中 C_1、C_2 分别为原中线、侧移中线的弧长,设置侧移曲线所用的偏角与原曲线所用的偏角相同。

3) 缓和曲线

侧移后缓和曲线的长度和 β 角均有改变。

(1) 侧移后缓和曲线起点的定位。

如图 8-14 所示,先计算出侧移后的缓和曲线要素,以原中线 ZH_1 点为基点,在 Y 坐标方向上移动距离 S,在 X 坐标方向上移动距离 $m_2 - m_1$,即可定出侧移中线的 ZH_2 点。

(2) 侧移后缓和曲线的测设。

原曲线放样点间距一般为 10m 整倍数时,侧移后缓和曲线长度一般已不是 10m 的整倍数,故等弦长 C 不再为 10m 而是一个零数。施测时要根据第一等分点的偏角 $i_c = \dfrac{c^2}{6Rl_0}\rho$ 及缓和曲线偏角,计算各等分点的偏角。

(3) 两缓和曲线间点位系的确定。

在施工过程中,有时要求明确两条缓和曲线上的点与点的关系,以便进行测设或方向判别。如图 8-14 所示,要确定第一条缓和曲线上的 J 点与第二条缓和曲线上 K 点的关系,就必须确定 KJ 的距离 l_{kJ} 及 KJ 连线的方位角 α_{kJ};确定上述关系后,便可由一点用极坐标法将另一点标出;侧移后两缓和曲线上任一点切线支距坐标可按公式计算,但有关参数应取各自曲线的参数。

若要确定 KJ 的距离 l_{kJ} 及 KJ 连线的方位角 α_{kJ},就必须将两条缓和曲线的切线支距坐标统一起来。当统一的坐标是采用第二条缓和曲线的坐标,即是以 HZ 为坐标系原点、其切线为 X 轴的,则第二条缓和曲线上任一点 i 的坐标仍按公式计算,而第一条缓和曲线上任一点的统一支距坐标需按下式计算:

$$x_i = (m_2 - m_1) + l - \frac{l^5}{40R^2 l_0^2}$$

$$y_i = S + \frac{l^3}{6Rl_0} - \frac{l^7}{336R^3 l_0^3}$$

式中:S 为中线侧移距;m_1、m_2 为切线纵向移动距离。

在两曲线间,有了任意两点的统一坐标,均可通过坐标反算求出两点间连线长度与方位角,并可根据其中一点的位置测设另一点的位置。

8.5.2 隧(巷)道腰线的测设方法

腰线的作用是指示隧(巷)道在竖直面内的掘进方向。腰线通常的位置在隧(巷)道的一帮或两帮上,高于隧(巷)道底板或轨面高程 1～1.5m,同一工程系统内应采用统一数值,

以免造成差错。腰线点每隔一定距离设置一组,每组点数不少于3个,点间距不小于2m,最前面一个腰线点至掘进工作面的距离一般不应超过30m。腰线的坡度值由设计给定,有时也需用实测资料求定。隧(巷)道腰线的测设和中线同时进行,两者间的联系程度由测设方法决定。

(一) 倾斜隧(巷)道腰线的测设

倾斜隧(巷)道是指坡度较大的隧(巷)道。一般多采用中线点兼作腰线点进行测设。

中线点兼作腰线点测设法的特点是先在中线点的垂球线上标出腰线的标志,同时量腰线标志到中线点的距离,以便随时根据中线点恢复腰线位置。

如图8-15所示,1、2、3点为一组已测设腰线点位置的中线点,4、5、6点为待测设腰线点标志的一组中线点。测设时经纬仪安置于3点,量仪器高i,正镜瞄准中线,使竖盘读数对准隧(巷)道设计倾角δ,此时望远镜视线与巷道腰线平行。在中线点4、5、6的垂球线上用大头针标出视线位置,用倒镜测其倾角进行检查。根据中线点3处的腰线位置α_3和仪器高i计算仪器视线到腰线点的垂距为

$$b = i - \alpha_3$$

式中:α_3和i均从中线点向下量取,代入上式时均"+"求出的b值为正时,腰线在视线之上;反之,在视线之下。从4、5、6这3条垂球线上标出的视线记号起,根据b的符号用小钢尺向上或向下量取长度b,即可得到腰线点的位置α_4、α_5和α_6。在中线上找出腰线位置之后,用半圆仪拉水平线将腰线点投设在隧(巷)道边墙上,完成腰线测设。

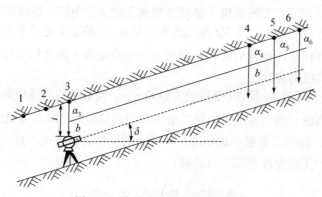

图8-15 中线点兼作腰线点测设法

(二) 水平隧(巷)道腰线的测设

水平隧(巷)道是指坡度较小的隧(巷)道。在此类隧(巷)道中,一般只用水准仪测设腰线,在次要水平隧(巷)道中也可用半圆仪测设腰线。图8-16所示为一煤矿平巷,巷道的设计坡度为i,在巷道中已测设完成一组腰线点1、2、3,现需向前测设新的一组腰线点4、5、6,组间距一般为30m左右。测设时先将水准仪安置在两组点之间,先照准1、2、3上的小钢尺并读数,再计算各点间的高差,以检查原腰线点是否移动。当确认其可靠后,记下3点的读数a。a的符号以视线为准来定,点在视线之上为正,视线之下为负。再实测3点至4点的水平距离l,按下式算出腰线点4距视线的高度为

$$b = a + h_{34} = a + l \times i$$

式中：h_{34} 为 3 点与 4 点间的高差，由巷道设计坡度与实测的 3、4 点间距计算出来。

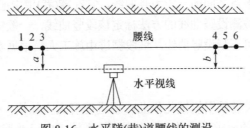

图 8-16　水平隧(巷)道腰线的测设

坡度 i 的符号规定为：上坡为正，下坡为负。水准仪前视 4 点处，以视线为准，根据 b 值测设腰线点 4 的位置。b 值为正时，腰线点在视线之上，b 值为负时，腰线点在视线之下。5、6 腰线点依同法测设。使用本方法测设腰线点时，应特别注意 a、b、i 的符号，以免测设出现错误。

测设好新的一组腰线点后，应该由 3 点求算 4、5、6 点的高程。连续向前测设几组腰线点后，应进行检查测量。检查时，可从水准点引测高程到腰线点，检查腰线点的高程是否与设计高程相符。如不相符应调整腰线点，使其符合设计位置后，再由调整后的腰线点向前继续测设腰线。腰线点测设出来后，还可用涂料画出腰线，以明确显示腰线，控制巷道掘进和设备安装时的坡度。

(三) 水平隧(巷)道与倾斜隧(巷)道连接处腰线的测设

水平隧(巷)道与倾斜隧(巷)道连接处是隧(巷)道坡度变化的地方，隧(巷)道腰线在这里要做相应的改变。如图 8-17 所示，隧(巷)道由水平段 EA 转为倾角为 δ 的倾隧(巷)道时，腰线在起坡点处要抬高 ΔL，起坡点是指平、斜隧(巷)道底板的衔接点 A。起坡点的位置 A 由设计给定。

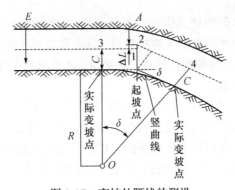

图 8-17　变坡处腰线的测设

设水平段隧(巷)道腰线到隧(巷)道底板的距离为 C，如果倾斜隧(巷)道腰线到底板的法线距离也保持为 C，则腰线在起坡点处的抬高值 ΔL 可由下式计算：

$$\Delta L = C \sec \delta - C = C(\sec \delta - 1)$$

实际测设时，先根据水平段导线测量成果和设计参数将起坡点 A 测设在中线位置的顶板上，在 A 点垂直于隧(巷)道中线的两帮上标出隧(巷)道水平段的腰线点 1，再从 1 向

上量取垂距 ΔL 定出倾斜隧(巷)道的起始腰线点 2。在隧(巷)道实际变坡处，也应在隧(巷)道一帮上测设出腰线点 3 和 4。

在起坡点与实际变坡点之间的一段为竖曲线，它在隧(巷)道中通常是圆曲线，其半径 R 由设计给定。掘进时可按测设竖曲线的方法标定该段竖曲线，一般情况下隧(巷)道内的竖曲线半径不大，掘进时也可不测设竖曲线，坡段掘进由施工人员根据实际变坡点自行掌握。

8.5.3 激光导向

随着隧(巷)道施工大量采用机械化作业，掘进速度大大加快，传统的中腰线测设方法已不能够适应快速掘进的要求，当前我国的隧(巷)道施工中已普遍采用激光指向仪导向法给定方向，极大地提高了工作效率。在我国大部分矿山与隧道施工中使用的主要是半导体激光指向仪，这种激光指向仪具有体积小、重量轻、寿命长、便于安装使用等优点。

图 8-18 所示为已安置好的激光指向仪。激光指向仪的安置与光束调节步骤如下：

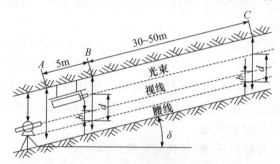

图 8-18 激光指向仪导向

(1) 先用经纬仪在隧(巷)道中测设两组中线点，图中 A、B 是后一组中线点中的两个，C 是向前延伸的另一组中线点中的一个，B、C 间距为 30～50m，测设中线点同时在中线点垂球线上标出腰线位置。

(2) 选择中线点 A、B 间的适当位置安置指向仪，在安置位置的顶板以中线为对称线，安置与指向仪悬挂装置尺寸相配的 4 根螺丝杆，再将带有长孔的 2 根角钢安在螺丝杆上。

(3) 将仪器的悬挂装置与螺丝杆连接，根据 A、B 示出的中线移动仪器，使之处于中线方向上，然后用螺栓固紧。

(4) 接通电源，激光束射出，利用水平调节钮使光斑中心对准前方的 B、C 两个中线点上的垂球线，再上下调整光束，使光斑中心与 B、C 两垂球线的交点至两垂球线上的腰线标志的垂距 d 相等，这时红色激光束给出的是一条与腰线平行的隧(巷)道中线。

激光指向仪一般只在隧(巷)道直线段使用，在使用时要注意防爆。指向仪应安置在离掘进面 70m 以外的位置。

8.5.4 线路纵断面测量

线路纵断面测量是指测量线路上各里程桩土建结构的底板高程，并将这些测量结果按一定比例绘制成纵断面图，并按要求的格式提交数据文件供设计或相关人员使用。设计人员依据测量成果与原设计值比较分析，进而进行线路实际坡度的确认和调整，以满足行车限界的需求。线路纵断面测量一般采用水准测量和全站仪三角高程测量方法。

(一) 线路纵断面点平面位置测量

1. 纵断面点位置

线路贯通且土建结构完成后，应以贯通平差后的施工平面和高程控制点及调整后的线路中线点为测量依据，进行中线上的纵断面点测量。施工偏差较大段应加测断面点。

2. 纵断面点测量方法

纵断面点测量一般分为初测、归化改正和定测三个步骤：

(1) 初测。利用线路中线点，采用极坐标法，根据纵断面点坐标和放样数据进行纵断面点放样并做临时标识。

(2) 归化改正。对标识的纵断面点重新测量其坐标后，应依据其设计坐标，在现场将每个纵断面点改正到设计位置。

(3) 定测。对改正后的纵断面点采用极坐标法重新测量其坐标，满足限差要求后固定标识。

3. 纵断面点测量技术要求

(1) 应使用测角精度不低于 2″，测距精度是 $2\text{mm}+2\times D\times 10^{-6}\text{mm}$($D$ 为测距边长，以 km 为单位)的全站仪进行初测和定测。

(2) 纵断面点坐标实测值与设计值之差应小于 3mm。

(3) 纵断面点的标识面积直径要大于 5 mm，以满足归化改正范围要求。

(4) 纵断面点里程中误差应在±50 mm 以内。

(二) 线路纵断面点高程位置测量

1. 水准测量

线路纵断面测量一般采用水准测量方法。测量时使用 DS_1 级水准仪，按二等水准测量技术要求施测。

线路纵断面测量以隧道贯通后平差的高程控制点为起算点，逐点测量线路纵断面点的底板高程，并形成附合水准路线。水准测量时，应按前、后视距和视距差的要求，在适当间隔内把纵断面点纳入水准路线，其他未纳入水准路线的纵断面点可以作为间视点。

纵断面点高程测量中误差在±10mm 以内。

2. 全站仪三角高程

在坡度比较大的地段，纵断面测量除采用水测量外，亦可采用全站仪三角高程测量方法。利用全站仪三角高程测量方法进行纵断面点高程测量时，将仪器置于高程控制点上，分别测量仪器至各纵断面点位置底板的距离和垂直角，并量取仪高 i 和镜高 V，则纵断面点位置底板的高程用正式计算：

$$H = H + S\times\sin\phi + i - V$$

式中：S 为仪器至中桩的距离；ϕ 为垂直角。

为了达到高程测量中误差应在±10mm 以内的要求，进行全站仪三角高程测量时，应使用高精度测量仪器，提高仪高 i 和镜高 V 的测量精度。

8.5.5 横断面测量

(一) 横断面形式

城市轨道交通工程线路主要由区间和车站组成，由于区间和车站形式不同，其结构断面形式也不一样，下面分别介绍区间和车站的断面形式。

1. **区间隧道横断面形式**

区间地下隧道断面主要有圆形、马蹄形、矩形和直拱形等形式。如果按隧道内线路数量划分，则分为单洞单线和单洞双线两种横断面形式，断面形式见图8-19～图8-24。

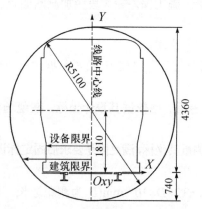

图 8-19　单洞单线圆形式隧道横断面形式

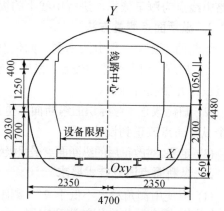

图 8-20　单洞单线马蹄形隧道横断面形式

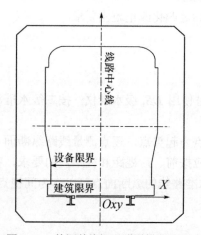

图 8-21　单洞单线矩形隧道横断面形式

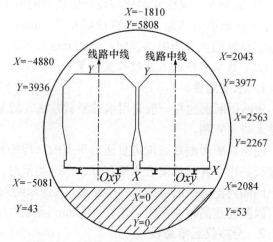

图 8-22　单洞双线圆形隧道横断面形式

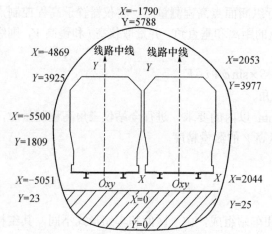

图 8-23　单洞双线马蹄形隧道横断面形式

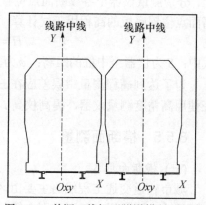

图 8-24　单洞双线矩形隧道横断面形式

2. 车站横断面形式

车站施工有明挖和暗挖两种方法，明挖施工车站横断面一般为矩形，暗挖施工车站横断面形式则有圆形、马蹄形等多种形式。车站按其站台与车辆的位置关系又分为岛式车站和侧式车站，其结构横断面形式见图 8-25～图 8-27。

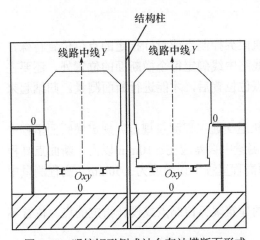

图 8-25 明挖矩形侧式站台车站横断面形式

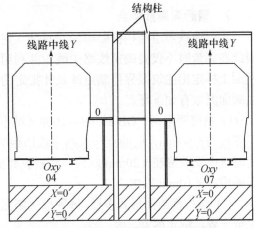

图 8-26 明挖矩形岛式站台车站横断面形式

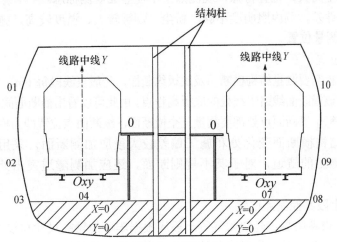

图 8-27 暗挖马蹄形岛式站台车站横断面形式

(二) 横断面测量特点

列车运行所经过的隧道和桥梁空间是根据建筑限界确定的，限界分车辆限界、设备限界和建筑限界三种。这些限界能保证列车运行安全、又不增大桥隧空间的经济、合理的横断面，是工程建设、管线和设备安装位置等必须遵守的依据。建筑限界是在设备限界基础上，考虑了设备和管线安装尺寸后的最小有效横断面。横断面测量就是确定地铁土建结构的建筑限界是否满足设计要求所进行的测量工作。

1. 横断面测量概念

城市轨道交通工程的结构横断面测量和一般横断面测量概念不一样。一般横断面测量是通过测量特定方向地物、地貌变化的特征点，而得到起伏变化的剖面图。城市轨道交通工程的结构是由人工砌筑而成，表面光滑、平整，没有明显变化的特征点，在横断面测量时，只对线路法截面的横断面的结构外表面轮廓上的建筑限界控制点或设计指定的点位进行测量，通过测量，确定隧道、车站、高架桥等结构相对于线路中线的位置和尺寸的断面图，并将这些测量成果与设计数据进行比较，检查其是否满足设计建筑限界要求。

2. 横断面测量特点

由于地铁隧道结构横断面形式复杂，建筑限界控制点或设计指定的点位位置特殊，因此在测量时不仅要确定线路中线，并利用线路中线确定每个横断面的位置外，还要在断面上标定出建筑限界控制点或设计指定的点位位置后，才能进行断面测量。归纳起来横断面测量有如下特点：

(1) 精度要求高，GB 80308—2008《城市轨道交通工程测量规范》规定横断面里程中误差应为±50mm，断面点与线路中线法距的测量中误差应在±10mm 以内，断面点高程的测量中误差应在±20mm 以内。底板纵断面高程里程中误差应为±50mm，高程测量中误差应在±10mm 以内。

(2) 结构横断面形式多样，每种形式断面的建筑限界控制点或设计指定的点位位置不完全一致，标定困难。

(3) 横断面空间大，位置特殊，观测点上不便竖立观测标志。

(4) 观测条件差，洞内照明度不够，粉尘、烟雾较大，温度较高，施工干扰大等。

3. 横断面测量位置

1) 横断面位置

按设计或工程需要测量结构横断面及底板纵断面，一般直线段每 6m、曲线段每 5m 测量一个横断面和该横断面线路中线处的底板高程点。由此可以看出横断面间距与纵断面点间距一致，因此，每个纵断面点处都要测量一个横断面，纵断面点位置即为横断面位置。

此外，在结构横断面变化处和施工偏差较大段应加测断面。采用光面爆破与预裂爆破等方法施工的隧道，对于其不规则断面，还应加测隧道突出处的断面和断面上的突出点。

2) 横断面上限界控制点位置

车辆限界、设备限界、建筑限界等一般应根据车辆的轮廓尺寸和技术参数、轨道特性、受电方式、施工方法、设备安装等综合因素确定。限界控制点是指横断面紧俏处限界的测量位置，建筑限界控制点即为结构横断面紧俏处限界的测量位置。

区间隧道的建筑限界控制点应位于结构两侧边墙和顶、底板上，高架线路的限界控制点应根据其线路结构形状及沿线设备安装位置而定，一般应位于防护栅栏和人行便道边沿以及结构底板上。车站的限界控制点一般一侧位于结构边墙，另一侧为站台沿和结构的顶、底板上。上述各限界控制点的高度应根据车辆尺寸和其上、中、下影响列车运行三个限界比较紧张的位置和顶、底板的线路中线而定。如区间隧道的限界控制点，在北京一期地铁建设中规定其在两侧边墙的高度分别高于右轨轨道面 3.250m、1.850m 和 0.400m 以及顶、底板的线路中线位置。

(三) 横断面测量原理与方法

城市轨道交通工程区间隧道、车站和高架线路和横断面测量又称结构净空测量。横断面测量是测量横断面上的限界点，通过对限界限控制点位置的测量，了解隧道、车站、高架桥建筑限界的实际位置和结构净空尺寸，并将这些测量数据与设计进行比较，检查其是否满足设计要求。

1. **横断面测量原理**

横断面测量是通过对隧道、车站和高架线路的限界控制点位置的测量，确定各个限界控制点与线路中线的关系，即与线路中线的水平距离和距底板的垂距。下面以直拱形隧道为例介绍断面测量原理。如图 8-28 所示，欲进行直拱形隧道 N 处横断面测量，置仪器于隧道线路中线上任意点 M，以另一线路中线点定向，测量线路中线上横断面 N(纵断面点 N 处的横断面)上限界控制点 A、B、C、D、E、F、G 和 N 的三维坐标。

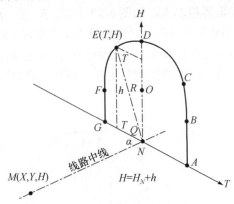

图 8-28 直拱形隧道横断面测量示意图

由于设计上采用的限界坐标系为二维直角坐标，其中 y 轴为纵轴，它是车辆横断面垂直中心线，即线路法截面上与线路中线和纵轴的垂线，图 8-28 中为 GNT 轴；两轴交点 N 为坐标原点。该坐标系主要突出表示限界控制点与 Y 轴和 X 轴的水平、垂直距离。所以测量时，如果使用城市测量坐标系则应进行坐标换算，并以设计习惯的二维直角坐标表示限界控制点的位置。

2. **断面测量常用方法**

结构横断面测量可采用支距法、全站仪解析法、断面仪法、摄影测量等，下面对常用的断面测量方法进行简单介绍。

1) 支距法

支距法测量横断面是早期经常使用的横断面测量方法，该方法使用经纬仪和皮尺、塔尺(或花杆)等辅助测量工具直接进行横断面测量。测量时，如图 8-28 所示，首先将经纬仪安置在隧道线路中线上任意点 M，以另一线路中线点定向，测定出 MN 的线路中线方向。然后根据设计人员给出的横断面里程，确定其位置，并依据设计给出的限界控制点坐标，在横断面上标定其实际位置。按着使用直尺或皮尺分别直接测量横断面上限界控制点 A、B、C、D、E、F、G 和 N 与线路中线的水平距离以及与 N 点的高差 h。丈量时，尺子水平，一端顶在限界控制点上，通过经纬仪读取线路中线与尺子相交处的读数即得到水平距离；同时，用尺子测量限界控制点至底板的高度即得到高差。

该方法简单、直观，但是由于测量工具简陋，每一断面限界控制点又需直接测量，个别点测量困难，所以劳动强度大、测量精度低。该方法适用于洞径较小、测量精度要求较低的断面测量。

2) 全站仪解析法

采用全站仪解析法进行横断面测量使用的主要仪器有全站仪和激光经纬仪。下面对测量方法和步骤进行简单介绍。

(1) 测量方法和步骤如下：

① 同样将全站仪安置在隧道线路中线上任意点 M，以另一线路中线点定向，测定出 MN 的线路中线方向，并依据横断面里程确定其中线点位置 N。

② N 点安置激光经纬仪，激光经纬仪以 NM 方向定向，转 $90°$ 即为横断面方向。

③ 据限界控制点与横断面中线点 N 的设计几何关系，以垂直角为参数利用激光经纬仪在断面测量中依次标定限界控制点，如图 8-29 中 A、B、C、D、E、F、G 等点。

④ 操作全站仪，以 MN 为零方向，首先测量 MN 的距离，然后跟踪激光经纬仪在横断面上依次标定的限界控制点进行水平和垂直角测量，并记录在数据采集器内。

通过上述 4 个步骤完成一个横断面测量工作，测量示意见图 8-29。

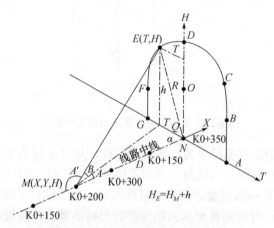

图 8-29 全站仪解析法测量示意图

进行了下一个横断面测量时，全站仪不动，移动激光经纬仪至一个横断面，重复上述操作可测量多个横断面。

(2) 数据处理与计算公式

全站仪解析法外业测量完成后，利用编制的软件进行内业数据计算，计算各横断面的限界控制点的数学公式如下。

以图 8-29 所示 $E(T, H)$ 点为例，其与线路中线的距离 T 和高程 H 可以通过以下公式计算：

在直线段
$$\alpha = 90°, T = D\tan A$$
$$H = H_N + D/\cos A \tan B$$

或
$$H = H_N + D\sec A \tan B$$

在曲线段
$$T = D/\sin(A+\alpha)\sin A$$

或
$$T = D\csc(A+\alpha)\sin A$$

或
$$H = H_N + D/\sin(A+\alpha)\sin\alpha\tan\beta$$
$$H = H_N + D/\cec(A+\alpha)\sin\alpha\tan\beta$$

计算完成后，依据计算结果绘制横断面图，并提供限界控制点坐标、横断面尺寸以及与设计值的比较成果等一系列所需成果资料。上述工作可编写软件通过计算机进行数据处理、成果输出和数据成果的存储。

全站仪解析法进行横断面限界测量不需要测量距离，速度快、精度高、劳动强度小，在限界测量中得到广泛应用。

全站仪解析法进行横断面限界控制点测量除了上述介绍的方法外，还可以采用其他方法，例如在横断面限界控制点的位置摆放棱镜，利用全站仪极坐标法测量限界控制点三维坐标；全站仪设置在任意控制点进行横断面限界控制点测量等。进行横断面测量时，可以根据现场条件选择适当的方法。

(四) 隧道断面测量仪简介

1. 用途

隧道断面测量仪(图 8-30)主要用于对隧道断面的快速精确检测，特别在施工监测、竣工验收、质量控制等工作中能快速获得隧道断面数据，并可以用于对护坡挡土墙的验收检验，也可用于对山坡地形的快速扫描，并通过与路基设计图的比对，计算出土石方量。

2. 特点

仪器采用了专门设计的高精度的角度编码器和测距仪，使得仪器的基本性能有可靠保证。本仪器在现场无需使用笔记本计算机，即可记录至少 100 组断面数据。操作者可以在回到办公室后，输入到计算机中去，并在专为本仪器所开发的软件上进行数据处理、绘图及报告等操作。同时也可以做到在检测时同时与计算机连接，做到边检测边显示检测断面，从而可以立刻显示数据和图形，方便指导施工。

图 8-30　隧道断面测量仪

3. 技术指标

检测半径：0.2～45m。

检测时间：自动检测约为 1～2min 一个断面。

充电使用时间：一次充电不超过 5h 即可连续使用 6h。

检测精度：±1mm。

自动、定点检测时方位角范围：60°～300°或 30°～330°。

手动测头时方位角转动范围：30°～330°。

定位测量方式：具有自动测量仪高、垂直向下激光定心功能。

每次纪录断面数：不少于 100 个断面(50 个点一组测量断面)。

温度范围：-10℃～+45℃。

湿度条件：≤85%。

粉尘程度：基本清洁条件下使用、粉尘烟雾及水雾条件下亦可使用，但需随时清洁。

4. 测量方式

本仪器的测量方式分为以下几种：

(1) 手动检测方法。在手动检测方式中，可由操作者控制移动检测指示光斑随意进行测量和记录。

(2) 定点检测法。可设置起止角度及测量点数等参数，仪器将按照所定参数自动测量并记录。

(3) 自动测量法。仪器依照内部设定的间隔，自动检测并记录数据。

5. 外业测量

外业测量时，以隧道中线为基准，在与隧道中线垂直的横断面上进行圆周扫描，采用步进电机环控制方式在竖直面内转动仪器，经纬仪获取被测横断面上各控制点极角δ，无棱镜激光测距仪测量横断面上各测点的矢径R，即测得被测横断面上各测点的极坐标(R, δ)。

6. 内业数据处理

将存储在仪器介质中的外业测量数据传送到计算机，专用横断面测量数据处理软件处理数据，绘制横断面图。

(五) 断面测量实例

沈阳地铁二号线"某区间右线净空断面测量"数据检测。表 8-1 为该区间某单洞单线马蹄形隧道断面高程测量记录表。具体实施步骤如下：

1. 执行依据

(1) GB 50308—2008《城市轨道交通工程测量规范》。

(2) 北京城建设计研究总院沈阳分院设计联系单 XJ-2010-08(2010 年 10 月 19 日)。

2. 使用仪器设备

TCR702 全站仪 1 台/套(标称精度 2″, 2mm+2×10^{-6}mm)、TCR1201+全站仪 1 台/套(标称精度 1″, 1mm+1.5×10^{-6}mm)、棱镜及对中杆等配套设备。

3. 起算数据与测量方法

平面、高程采用《沈阳地铁二号线起点至松山路站左右线底板控制点联测成果书》中的成果作为断面测量依据。严格按照北京城建设计研究总院沈阳分院设计联系单 XJ-2010-08 的要求进行测量。

在确认起算控制点位稳定无误后，对于标准断面，首先置镜联测后底板控制点进行设站定向，再利用水平标尺分中标定出隧道中心位置(直线段每 10m 一处，曲线段每 5m 一处)，然后用全站仪直接测得所标定点位的平面坐标以及相应位置的隧道底部高程和隧道顶部高程(采用三角高程方法测得)；对于非标准断面，在确认起算控制点位稳定无误后，首先检查承包商所测设的线路中线点的平面位置和高程，再置镜线路中线点使用徕卡全站仪，以三角高程的方法检查承包商标记的轨面线上 0.6m 左侧、轨面线上 0.6m 右侧、轨面线上 3.6m 左侧、轨面线上 3.6m 右侧、轨面线上 4.12m 左侧、轨面线上 4.12m 右侧 6 个测点的具体位置及隧道顶部高程，然后测量出相应的横距。

4. 内业成果处理

标准断面部分首先计算出各里程对应的轨面设计标高，再将实测所得隧道底部高程和隧道顶部高程转化为设计要求提供的隧道底部距轨面高度 H_2 及隧道顶部距轨面高度

H_1。并将检测隧道中线坐标及 H_1、H_2 与承包商成果进行相对比较。

其他类型断面分别将实测的线路中心线坐标与承包商测设线路中线坐标、断面检测数据(含隧道底板、顶板高程)与承包商实测数据进行比较。

5. 提交成果

标准断面：二号线 01 标起松区间右线标准断面检测成果表(表 8-1)。

非标准断面：(1) 二号线 01 标起松区间右线中线坐标检测表；
(2) 二号线 01 标起松区间右线断面横距检测表；
(3) 二号线 01 标起松区间右线断面高程检测表。

表 8-1 单洞单线马蹄形隧道断面高程测量

单洞单线马蹄形隧道断面高程测量记录							
工程名称	沈阳地铁二号线 01 标起松区间						
检测断面里程	线路中心线顶部			线路中心线底部			备注
	设计值	实测值	差值	设计值	实测值	差值	
K0+210	39.762	39.848	86	34.140	34.135	-5	加测
K0+220	39.782	39.873	91	34.160	34.153	-7	
K0+230	39.802	39.879	77	34.180	34.203	23	
K0+240	39.822	39.873	51	34.200	34.211	11	
K0+250	39.842	39.926	84	34.220	34.280	60	
K0+260	39.862	39.953	91	34.240	34.288	48	
K0+266.073 (5-5)	39.874	39.932	58	34.252	34.275	23	
K0+266.073 (4-4)	40.718	40.782	64	34.252	34.275	23	
K0+270	40.726	40.806	80	34.260	34.256	-4	

8.5.6 贯通和贯通测量

在隧道施工过程中，一个巷道按设计要求掘进到指定的地点与另一个巷道相通，叫做巷道贯通，简称贯通。

采用两个或多个相同或同向掘进的工作面掘进同一井巷时，为了使其按照设计要求在预定地点正确接通而进行的测量工作，称为贯通测量。隧道贯通一般包括三种情况：相向贯通(图 8-31)，同向贯通(图 8-32)和单相贯通(图 8-33)。

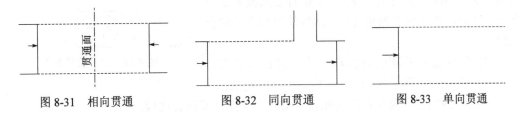

图 8-31 相向贯通　　　　图 8-32 同向贯通　　　　图 8-33 单向贯通

在井巷贯通过程中，测量人员的任务就是要保证各掘进工作面均沿着设计位置与方向掘进，使贯通后结合处的偏差不超过规定限度，对隧道的运行不造成影响。工作中应当遵循下列原则：

（1）要在确定测量方案和测量方法时，保证贯通所必需的精度，即不因精度过低而使井巷不能正确贯通，也不盲目追求过高精度而增加测量工作量和成本。

（2）对所完成的每一步每一项测量工作都应当有客观独立的检查校核，尤其要杜绝粗差。贯通测量的基本方法是测出待贯通巷道两端导线点的平面坐标和高程。

（一）贯通误差

巷道贯通接合处的偏差值，可能发生在三个方向上：

（1）水平面内沿巷道中线方向上的长度偏差，这种偏差只对贯通在距离上有影响，而对巷道质量没有影响。

（2）水平面内垂直于巷道中线的左、右偏差，见图8-34。

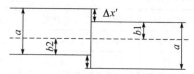

图 8-34　皮带机巷道的容许偏差 $\Delta x'$

（3）竖直面内垂直于巷道腰线的上、下偏差，见图8-35。

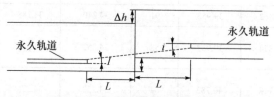

图 8-35　贯通的腰线容许偏差 Δh

后两种偏差 Δh 和 $\Delta x'$ 对于巷道质量有直接影响，所以又称为贯通重要方向的偏差。

对于立井贯通来说，影响贯通质量的是平面位置偏差，即在水平面内上，下两段待贯通的井筒中心线之间的偏差(见图8-36)。

（二）贯通测量工作的步骤及贯通测量设计书的编制

1. 贯通测量的工作步骤

（1）调查了解待贯通巷道的实际情况，根据贯通的容许偏差，选择合理的测量方案和测量方法。对重要的贯通工程，要编制贯通测量设计书，进行贯通测量误差预计，以验证所选择的测量方案，测量仪器和方法的合理性。

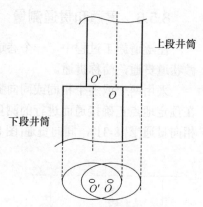

图 8-36　立井贯通偏差

（2）依据选定的测量方案和方法，进行施测和计算，每一施测和计算环节，均需有独立可靠的检核，并要将施测得到的实际测量精度与原设计书中要求的精度进行比较。

(3) 根据有关数据计算贯通巷道的标定几何要素，并实地标定巷道的中线和腰线。

(4) 根据掘进巷道的需要，及时延长巷道的中线和腰线，定期进行检查测量和填图，并按照测量结果及时调整中线和腰线。贯通测量导线的最后几个(不少于3个)测站点必须牢固埋设。最后一次标定贯通方向时，两个相向工作面之间的距离不小于50m。

(5) 巷道贯通之后，应立即测量出实际的贯通偏差值，并将两端的导线连接起来，计算各项闭合差。此外，还应对最后一段的中腰线进行调整。

(6) 重大贯通工程完成后，应对测量工作进行精度分析与评定，写出总结。

2. 贯通测量设计书的编制

重要的贯通工程开始之前，应编辑测量设计书，其主要任务是选择合理的测量方案和测量方法。

(1) 井巷贯通工程概况。

包括井巷贯通工程的目的、任务和要求，贯通容许偏差值的确定，并附比例尺不小于1∶2000的井巷贯通工程图。

(2) 贯通测量方案的选定。

包括地面控制测量，联系测量及地下控制测量的方案，并要说明所采用的测量起始数据的情况。

(3) 贯通测量方法。

包括所采用的仪器、测量方法及其限差规定。

(4) 贯通测量误差预计。

绘制比例尺不小于1∶2000的贯通测量设计平面图，在图上绘出与工程有关的巷道和地面及井下测量控制点，确定测量误差参数，并进行误差预计。

(5) 贯通测量中应注意的问题和应采取的相应措施。

(三) 隧道的贯通测量

1. 一井内巷道贯通测量

由井下一条起算边开始，能够敷设井下导线到达贯通巷道两端的，称为一井内的巷道贯通。在贯通过程中需要测量几何要素：贯通巷道中心线的坐标方位角，腰线的倾角(坡度)和贯通距离等。可分为直线隧道的贯通和曲线隧道的贯通。

1) 直线隧道的贯通测量

如图8-37所示，一直线隧道的两端的导线点已进行实测，得到隧道中线点3和7的坐标值为$(x_3、y_3)$、$(x_7、y_7)$，利用水准测量或三角高程测量得到3点处隧道底板的高程为H_3，7点隧道底板处的高程为H_7，现要在两点间贯通隧道，隧道贯通的标定数据如下：

图8-37 直线隧道的贯通

3点到7点的坐标方位角：

$$\alpha_{37}=\arctan\frac{y_7-y_3}{x_7-x_3}$$

3 点至 7 点的水平距离：

$$L_{37} = \sqrt{(x_7-x_3)^2+(y_7-y_3)^2}$$

或

$$L_{37} = \frac{y_7-y_3}{\sin\alpha_{37}} = \frac{x_7-x_3}{\cos\alpha_{37}}$$

3 点到 7 点间的坡度：

$$i = \frac{H_7-H_3}{L_{37}}$$

下面计算 3、7 两点处的指向角。

3 点处的指向角为：$\beta_3 = \alpha_{37}-\alpha_{32}$

7 点处的指向角为：$\beta_7 = \alpha_{73}-\alpha_{76}$

两端点的指向角均为左角。

3 点至 7 点的斜距：$l_{37} = \dfrac{L_{37}}{\cos\delta}$

式中：δ 为隧道的倾角，$\tan\delta = i$。

2) 曲线隧道的贯通测量

如图 8-38 所示，3、4 点的连线与 5、6 点的连线间通过圆曲线进行贯通连接，其中圆曲线的起点为 A，终点为 B，圆曲线的半径 $R=12\mathrm{m}$。

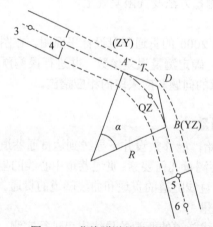

图 8-38　曲线隧道的贯通测量

为了进行贯通测量，需进行两端的导线测量和高程测量，已经测量的数据包括：

4 点的坐标为(9734.529，7732.511)，$\alpha_{34}=3°46'57''$，底板高程 $H_4=-124.544\mathrm{m}$。

5 点的坐标为(9879.227，7917.675)，$\alpha_{65}=236°17'03''$，底板高程 $H_5=-131.701\mathrm{m}$。

标定数据的计算如下：

(1) 沿两条直线继续掘进将相交于 D 点，从 4、5 点到 D 点的距离 L_{4D}、L_{5D} 的长度计算如下：

已知两直线的起点和掘进方位角，即可得到交点 D 的坐标值。

$$\tan\alpha_{34} = \frac{y_D-y_4}{x_D-x_4}, \quad \tan\alpha_{65} = \frac{y_D-y_5}{x_D-x_5}$$

所以
$$x_D = \frac{x_4 \tan\alpha_{34} - x_5 \tan\alpha_{65} + y_5 - y_4}{\tan\alpha_{34} - \tan\alpha_{65}} = 9756.640 \text{m}$$

$$y_D = \tan\alpha_{34}(x_D - x_4) + y_4 = 7733.973 \text{m}$$

$$L_{4D} = 22.159 \text{m}, \quad L_{5D} = 220.849 \text{m}$$

(2) 计算曲线的转角 α 和切线长度 T:

$$\alpha = \alpha_{56} - \alpha_{34} = 52°30'06''$$

$$T = R \cdot \tan\frac{\alpha}{2} = 12 \times \tan(52°30'06'') = 5.918 \text{m}$$

2. 两井间的贯通测量工作

两井间的贯通测量工作,是指在地下不能由一条起算边向贯通点两端布设地下导线时的贯通测量。为了保证两井间的正确的贯通工作,两井间的数据必须统一。所以,这类贯通的特点是,在地面和两个井筒中先进行联系测量,将地面的坐标和高程系统传递到地下,然后在地下再进行导线测量,从而实现贯通。由于测量过程中,涉及到地面连接测量、竖井联系测量以及地下导线、高程测量,因而测量误差的累积较大,必须采取精确的测量方法和严格的检验措施才可保证贯通工作的正常进行。下面叙述进行两井贯通时的具体测量工作内容。

1) 地面连接测量

地面连接测量包括平面和高程两个层面的内容。进行平面连接测量时,根据具体的实际情况,近井点的平面测量可采用 GPS、导线、三边网等形式。在测量过程中,除了严格执行测量规程外,最好将近井点与附近的已知三角点进行联测,以进行检核。在进行平面连接测量的同时,也进行高程连接测量。一般选取近井点作为地面的水准基点,通过高程测量得到近井点的高程值。

2) 竖井联系测量

竖井联系测量的目的是将地面的平面和高程起算数据传递到地下。在进行竖井平面联系测量是,当井筒条件允许时,尽量使用激光铅垂仪投点、陀螺经纬仪定向的方法。在进行高程传递测量时,可采用钢尺导入法和测距仪法。

竖井联系测量应独立进行两次,当两次的成果满足要求时,取平均值作为最后的结果。

3) 地下导线和高程测量

地下导线的布设就是从地下导线起算边向贯通点测设,在选择导线点的过程中,尽量选取线路短、导线边长长度均匀(即无较短边长)、条件好的隧道(巷道)作为地下导线的布设通道。导线在布设时,尽可能布设成闭合或附合导线的形式,以进行检核;当布设成支导线形式时,可采用往返测的方式进行检核。对于地下高程测量,可采用水准测量和全站仪三角高程测量的方式进行。高程测量时,水准路线的布设也应尽可能采用闭合或附合水准路线,以进行检核;当采用支水准路线时,利用往返测进行检核。当三角高程测量可满足地下水准测量要求时,可将地下导线点与水准点合二为一,利用全站仪进行测量;进行导线测量的同时,进行三角高程的测量工作,此方法即高程导线。利用此方法不但节省人力物力,而且可以实现利用不同的测量方法来检核高程测量,是对水准测量很好的补充。

4) 贯通点处标定数据的计算

根据测量数据进行贯通点处的掘进方向、距离以及坡度计算工作。两井间的贯通由于涉及从地面连接测量、竖井联系测量以及到地下导线、高程测量的平面和高程的传递过程，误差的累积较大，尤其对于两井间距离较大时更为明显。对于大型贯通，为了保证贯通的顺利进行，需要进行测量方案与测量方法的比较、优选，并且要进行贯通误差的预计。

(四) 贯通后实际偏差的测定

1. 平斜巷贯通时水平面内偏差的测定

(1) 用经纬仪把两端巷道的中心线都延长到巷道贯通结合面上，量出两中心线之间的距离 d，其大小就是贯通巷道在水平面的实际偏差，如图 8-39 所示。

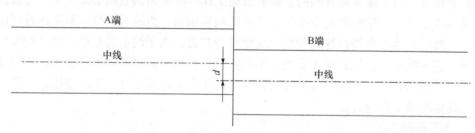

图 8-39 平斜巷贯通时水平面内偏差的测定

(2) 将巷道两端的导线进行联测，求出闭合边的坐标方位角的差值和坐标闭合差，这些差值实际上也反映了贯通平面测量的精度。

2. 平斜巷贯通时竖直面内偏差的测定

(1) 用水准仪测出或用小钢尺直接量出两端腰线在贯通接合面出的高差，其大小就是贯通在竖直面内的实际偏差。

(2) 用水准测量或经纬仪三角高程测量联测两端巷道中的已知高程控制点(水准点或经纬仪导线点)，求出高程闭合差，它也实际上反映了贯通高程测量的精度。

3. 立井贯通后井中实际偏差的测定

立井贯通后，可由地面上或由上水平的井中处挂中心垂球线到下水平，直接丈量出井筒中心之间的偏差值，即为立井贯通的实际偏差值。有时也可测绘出贯通接合处上、下两段井筒的横断面图，从图上量出两中心之间的距离，就是立井贯通的实际偏差。

(五) 贯通后巷道中腰线的调整

测定巷道贯通后的实际偏差后，还需对中腰线进行调整。调整贯通误差的工作，原则上应在隧道未衬砌段进行，不再牵动已衬砌段的中线位置，以保证隧道的有效净空的尺寸不变。对于曲线隧道而言，以尽量不改变曲线半径和缓和段长度。当需要调整曲线的半径或缓和段长度时，需经过上级主管部门的批准。隧道中线和腰线调整后，在隧道调整范围内需按照调整后的中腰线进行测量工作。

1. 中线的调整

1) 直线段隧道中线的调整

直线隧道的中线调整，可在未衬砌段上采用折线法调整中线。如图 8-40 所示，a、b、

c 三点为隧道进口方向未衬砌段的中线点，A、B、C 三点为出口方向未衬砌段的中线点。利用折线进行调整时，可将 a、C 两点连接起来，并分别测量两点处的折线角，需根据折线角的大小来对隧道中线进行调整(其中，A、c 为测量方便可适当将中线向前延长)。依据折线角进行调整方法如下：

当折线角在 5′以内时，可作为直线考虑。当折线角在 5′～25′时，可不加设曲线，但是应以 a、C 点的内移量作为衬砌的位置。各折线角对应的内移量见表 8-2。当折线角大于 25′时，可加设半径为 4000m 的方向曲线。

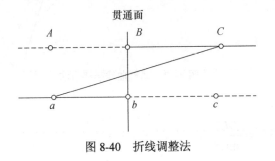

图 8-40　折线调整法

表 8-2　各折线角对应的内移量

折线角/(′)	内移量/mm
5	1
10	4
15	10
20	17
25	26

对于利用地下导线进行贯通误差测定时，当在规定的限差范围内，可将实测导线的角度闭合差平均分配到该段贯通导线的转折角上，按照简易平差求解该段地下各点的坐标，求出坐标闭合差，再根据该贯通段的导线各边的长度按比例分配坐标闭合差，得到各点调整后的坐标值，并作为后续施工的依据。

2) 曲线段隧道的中线调整

当贯通面位于圆曲线上，调整贯通误差的地段全部在圆曲线上时，可由曲线的两端向贯通面按长度等比例调整中线，也可以利用调整偏角法进行。调整偏角法是在贯通面两端每 20m 的弦长的中点上，增加或减少 10″～60″的切线偏角。

当贯通面位于曲线的起终点附近时，如图 8-41 所示，可由隧道一端从 E 点测量至圆曲线的终点 D，而另一端由 A、B、C 各点测至 D' 点。D 和 D' 不重合，再从 D' 作圆曲线的切线到 E' 点，DE 和 DE' 既不平行也不重合。为了调整贯通误差，可先采取调整圆曲线的办法，即从圆曲线中缩短或加大一段圆曲线，不改变圆曲线的半径和缓和段的长度，使得 DE 和 DE' 平行。如图 8-41 所示需要在圆曲线上缩短一段弧长 CC'，计算时 CC' 所对应的圆心角与 DE 和 DE' 的交角相等，CC' 可按照下式计算：

$$\delta = \arctan \frac{EE' - DD'}{DE}$$

$$CC' = R\delta \frac{\pi}{180°}$$

经过调整圆曲线的长度后，使得 DE 和 DE' 平行，但是还没有重合。此时可采用调整曲线起终点桩号的办法，如图 8-42 所示，调整曲线的起点 A，让 A 点沿切线方向移动到 A' 点，使得 $AA' = FF'$，这样 DE 和 DE' 就重合了。然后，再由 A' 点进行曲线的测设，将调整后的曲线标定在实地上。

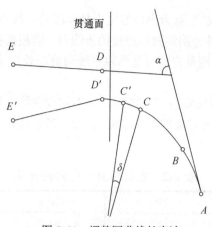
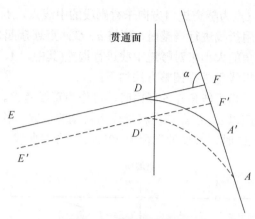

图 8-41　调整圆曲线长度法　　　　图 8-42　调整曲线起终点法

曲线上 A 点的移动距离按照下式计算：

$$AA' = FF' = \frac{DD'}{\sin\alpha}$$

式中：α 为曲线的转角。

巷道贯通后，如实际偏差在容许的范围之内，对次要巷道只需将最后几架棚子加以修整即可。对于运输巷道或砌石旋巷道，可将距相遇点一定距离处的两端中心线 A 与 B(图 8-43)相连。

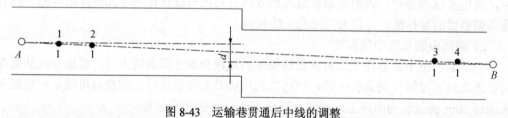

图 8-43　运输巷贯通后中线的调整

2. 腰线的调整

若实际的贯通高程偏差 Δh 很小时，可按实测高差和距离算出最后一段巷道的坡度，重新标定出新的腰线。在平巷中，如果贯通的高程偏差 Δh 较大时，可适当延长调整坡度的距离，如图 8-44 所示。

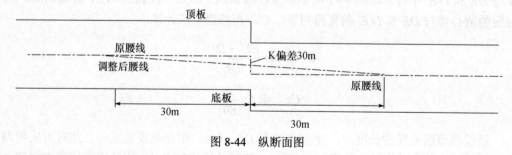

图 8-44　纵断面图

(六) 隧道贯通误差的分类及其限差

1. 隧道贯通误差的分类

在隧道施工中，由于地面控制测量、联系测量、地下控制测量以及细部放样的误差，使得两个相向开挖的工作面的施工中线不能理想地衔接，而产生错开现象，即所谓贯通误差。隧道的施工误差一般分为三个方向：

纵向贯通误差(m_l)：贯通误差在线路中线方向的投影长度。

横向贯通误差(m_q)：在垂直于中线方向的投影长度。

竖向贯通误差(m_h)：在高程方向的投影长度。

一般取2倍中误差作为各项贯通误差的限差。

隧道施工进度慢，往往成为控制工期的工程。为了加快施工进度，除了进、出口两个开挖面外，还常采用横洞、斜井、竖井、平行导坑等来增加开挖面。因此，不管是直线隧道还是曲线隧道，开挖总是沿线路中线不断向洞内延伸，洞内线路中线位置测设的误差，就逐步随着开挖的延伸而逐渐积累；另一方面，隧道施工时基本上都是采用边开挖、边衬砌的方法，等到隧道贯通时，未衬砌部分也所剩不多，故可进行中线调整的地段有限。于是，如何保证隧道在贯通时(包括横向、纵向、高程方向)，两相向开挖施工中线的相对错位不超过规定的限值，是隧道施工测量的关键问题。但是，在纵向方面所产生的贯通误差，一般对隧道施工和隧道质量不产生影响，从我国隧道施工调查中得知，一般不超过±320mm，即使达到这种情况，对施工质量也无影响，因此规定这项限差无实际意义；高程要求的精度，使用一般水准测量方法即可满足；而横向贯通误差(在平面上垂直于线路中线方向)的大小，则直接影响隧道的施工质量，严重者甚至会导致隧道报废。所以一般说贯通误差，主要是指隧道的横向贯通误差。

2. 隧道贯通误差的限差

对于横向贯通误差和高程贯通误差的限差，按《铁路测量技术规则》根据两开挖洞口间的长度确定，具体如表8-3所列，测量误差以中误差衡量，贯通误差规定为2倍贯通中误差。

表8-3 横向贯通误差和高程贯通误差的限差

两洞口间长度/km	<4	4～8	8～10	10～13	13～17	17～20
横向贯通误差限值/mm	100	150	200	300	400	500
高程贯通误差限值/mm	50					
纵向贯通误差限值/mm	$L/2000$					
L 为隧道两开挖洞口间的长度							

从表8-3可知，铁路隧道长度小于4km时横向贯通误差的限值为100mm，而城市轨道交通暗挖隧道长度都小于4km，因此城市轨道交通隧道横向贯通误差的限值为100 mm是可行的。

(七) 贯通误差预计

1. 平面贯通误差分析

根据表8-3可知，横向和高程贯通误差限值可以分别设定为100mm和50mm。由极限误差等于2倍中误差，则得到横向中误差为±50mm，高程贯通中误差为±25mm。我们知道，隧道贯通测量包括地面控制测量、联系测量和地下控制测量，因此，横向贯通误差主要受上述三项测量误差影响，假设各项测量误差对贯通的影响相互独立，则有：

$$m_Q^2 = m_{q_1}^2 + m_{q_2}^2 + m_{q_3}^2$$

式中：m_Q 为平面贯通总横向中误差(mm)；m_{q_1} 为地面平面控制测量引起的横向中误差(mm)；m_{q_2} 为联系测量引起的横向中误差(mm)；m_{q_3} 地下控制测量引起的横向中误差(mm)。

由于地面测量的条件较地下好，在分配测量误差时可在等影响原则的基础上做适当的调整，即对地面测量的精度适当提高一些，而地下控制测量的精度降低一些，按此原则分配方案如下：

$m_{q_1} = \pm 25\text{mm}$，$m_{q_2} = \pm 25\text{mm}$，$m_{q_3} = \pm 35\text{mm}$，则 $m_Q = 49.7\text{mm} < 50\text{mm}$

2. 高程贯通误差分析

同理，高程测量误差的计算公式为

$$m_H^2 = m_{h_1}^2 + m_{h_2}^2 + m_{h_3}^2$$

式中：m_H 为隧道高程贯通中误差(mm)；m_{h_1} 为向地下传递高程测量引起的中误差(mm)；m_{h_2} 为地下高程控制测量的中误差(mm)；m_{h_3} 地下控制测量引起的横向中误差(mm)。

测量误差分配方案如下：

$m_{h_1} = \pm 16\text{mm}$，$m_{h_2} = \pm 12\text{mm}$，$m_{h_3} = \pm 15\text{mm}$，则 $m_H = \pm 25\text{mm}$

(八) 贯通测量实例

沈阳地铁一号线保工街至铁西广场区间 1#竖井、2#竖井与铁西广场站左、右线进行贯通测量。

1. 采用规范及使用仪器

严格按照 GB50308—2008《城市轨道交通工程测量规范》进行作业。

平面测量采用经鉴定合格并在有效期内的徕卡 TCR1201 全站仪(1″，$2+2\times10^{-6}$)及配套的精密对点器进行；高程检测使用经鉴定合格并在有效期内的 Leica NA2+GPM3(0.4mm/km) 及其配套的铟瓦钢尺进行。作业前对使用的设备进行了常规检查，各项指标均满足相关要求后，方投入本项工作使用。

2. 检测概况

1) 平面贯通测量

左线：区间方向以洞内导线控制点 CBZD2、1TZD1、2BZD1 起算，按四等精密导线测量的作业要求经临时转点 ZD2、ZD1、GTD、ZD 实测 2#竖井横通道内导线控制点 2HSD2 的坐标；铁西广场站以车站左线底板导线控制点 TZ1、TZ3 起算，经临时转点 ZD3、ZD2、ZD1 实测 2#竖井横通道内导线控制点 2HSD2 的坐标；然后通过对比 2HSD2 的本次实测坐标与检测坐标求得各区间至铁西广场站的贯通误差。

右线：2#竖井方向以区间导线控制边 2CBYD1～2CBYD2 起算，向东经临时导线点 ZD 实测铁西广场站右线底板控制点 TY3 的坐标；向西经临时导线点 ZD1、ZD2 实测 1#竖井洞内导线控制点 1TYD4 的坐标；然后分别通过对比 TY3、1TYD4 的本次实测坐标与检测坐标求得 1#竖井至 2#竖井、2#竖井至铁西广场站的贯通误差。

2) 高程贯通测量

$1^\#$竖井至 $2^\#$竖井段：$1^\#$竖井以洞内水准控制点 CBZS2 起算，$2^\#$竖井以洞内水准点 2CBYS1 起算，分别测量贯通面附近临时水准点 GTD 的高程，通过对比 $1^\#$竖井与 $2^\#$竖井所实测临时水准点 GTD 的高程从而求得高程贯通误差。

$2^\#$竖井至铁西广场站段：$2^\#$竖井以洞内水准控制点 2CBYS2 起算，铁西广场站以车站底板水准点 BMZ-1 起算，分别测量洞内水准点 2CZCD2 的高程，通过对比 $2^\#$竖井方向与铁西广场站方向所实测水准点 2CZCD2 的高程从而求得高程贯通误差。

3. 贯通误差数据统计表(表 8-4～表 8-8)

表 8-4　区间至铁西广场站左线平面贯通误差

点名	$1^\#$竖井方向计算/m		铁西广场站方向计算/m		差值/mm	
	X	Y	X	Y	ΔX	ΔY
2HSD2	28787.8000	29891.2490	28787.7759	29891.2362	-24.1	-12.8

表 8-5　$2^\#$竖井至铁西广场站右线平面贯通误差

点名	$2^\#$竖井方向计算/(m)		铁西广场站检测坐标/m		差值/mm	
	X	Y	X	Y	ΔX	ΔY
TY3	28614.8282	30203.4386	28614.8066	30203.4222	-21.6	-16.4

表 8-6　$2^\#$竖井至 $1^\#$竖井右线平面贯通误差

点名	$2^\#$竖井方向计算/m		$1^\#$竖井检测坐标/m		差值/mm	
	X	Y	X	Y	ΔX	ΔY
1TYD4	28983.5723	29542.3613	28983.6020	29542.3768	29.7	15.5

表 8-7　$1^\#$竖井与 $2^\#$竖井高程贯通误差

点号	$1^\#$竖井方向计算/m	$2^\#$竖井方向计算/m	差值/mm
GTD	23.3654	23.3630	-2.4

表 8-8　$2^\#$竖井与铁西广场站高程贯通误差

点号	$1^\#$竖井方向计算/m	$2^\#$竖井方向计算/m	差值/mm
2CZCD2	24.2987	24.3105	11.8

4. 测量结论

从以上贯通误差数据统计表中可以看出，保工街至铁西广场区间、$1^\#$竖井至 $2^\#$竖井至铁西广场站左、右线平面贯通误差及高程贯通误差均满足相关限差要求。

参 考 文 献

[1] 中华人民共和国住房和城乡建设部.城市测量规范(CJJ/T 8—2011)[S].北京：中国建筑工业出版社，2011.

[2] 中华人民共和国国家标准.国家三、四等水准测量规范(GB/T 12898—2009)[S].北京：中国标准出版社，2009.

[3] 中华人民共和国国家标准.工程测量规范(GB 50026—2007)[S].北京：中国计划出版社，2007.

[4] 中华人民共和国交通部.公路勘测规范(JTG 8—2007)[S].北京：人民交通出版社，2007.

[5] 中华人民共和国交通部.公路路线设计规范(JTG D02—2006)[S].北京：人民交通出版社，2006.

[6] 国家测绘局.全球定位系统实时动态测量(RTK)技术规范(CH/T 2009—2010)[S].北京：测绘出版社，2010.

[7] 索俊锋，杨学锋.土木工程测量[M].北京：国防工业出版社，2015.

[8] 宋文.公路施工测量[M].北京：人民交通出版社，2001.

[9] 韩山农.公路工程施工测量[M].北京：人民交通出版社，2008.

[10] 张正禄.工程测量学[M].武汉：武汉大学出版社，2002.

[11] 陈久强，刘文生.土木工程测量[M].北京：北京大学出版社，2006.

[12] 张志刚.线桥隧测量[M].成都：西南交通大学出版社，2008.

[13] 张坤宜.交通土木工程测量[M].北京：人民交通出版社，2000.

[14] 唐宝华.工程测量技术[M].北京：中国电力出版社，2007.

[15] 罗新宇.土木工程测量学教程[M].北京：中国铁道出版社，2003.

[16] 徐霄鹏.公路工程测量[M].北京：人民交通出版社，2005.

[17] 聂让，徐金良，邓云潮.公路施工测量手册[M].北京：人民交通出版社，2000.

[18] 邓洪亮.土木工程测量学[M].北京：北京工业大学出版社，2005.